CORAL HERRERA
Doctora en Humanidades y Comunicación, y fundadora del Laboratorio del Amor, un espacio de investigación virtual, un taller permanente y una comunidad de acompañamiento para mujeres. Se dedica a investigar el amor romántico desde una perspectiva feminista. Ha publicado ocho libros, así como numerosos artículos y pódcast en su blog. Imparte conferencias y talleres en España y América Latina desde hace doce años y es muy activa en redes sociales.

Coral Herrera

El contrato amoroso

HERRAMIENTAS PARA MUJERES QUE NEGOCIAN
EN LA PAREJA

PRIMERA EDICIÓN: SEPTIEMBRE DE 2021
SEGUNDA EDICIÓN: ENERO DE 2022

DISEÑO DE CUBIERTA: MARTA GARCÍA

© CORAL HERRERA, 2021

© LOS LIBROS DE LA CATARATA, 2021
FUENCARRAL, 70
28004 MADRID
TEL. 91 532 20 77
WWW.CATARATA.ORG

EL CONTRATO AMOROSO.
HERRAMIENTAS PARA MUJERES QUE NEGOCIAN EN LA PAREJA

ISBN: 978-84-1352-300-2
DEPÓSITO LEGAL: M-24.583-2021
THEMA: JBSF11

IMPRESO EN ARTES GRÁFICAS COYVE

ESTE LIBRO HA SIDO EDITADO PARA SER DISTRIBUIDO. LA INTENCIÓN DE LOS EDITORES ES QUE SEA UTILIZADO LO MÁS AMPLIAMENTE POSIBLE, QUE SEAN ADQUIRIDOS ORIGINALES PARA PERMITIR LA EDICIÓN DE OTROS NUEVOS Y QUE, DE REPRODUCIR PARTES, SE HAGA CONSTAR EL TÍTULO Y LA AUTORÍA.

A mi madre, Gloria Gómez, que me dio la vida
y me enseñó a luchar.

ÍNDICE

INTRODUCCIÓN 9

CAPÍTULO 1. CÓMO NEGOCIAR UN CONTRATO DE AMOR 15
   El contrato de amor nos hace libres 16
   ¿Cuáles son los riesgos de negociar? 19
   ¿Cuáles son las ventajas de negociar? 20
   ¿Cómo negociar? 21
   ¿Cómo negociar conmigo misma? 23
   ¿Desde dónde estoy negociando? 24
   ¿Cuándo hay que dejar de negociar? 28
   Herramientas 30

CAPÍTULO 2. CÓMO USAR TU PODER PARA NEGOCIAR 65
   ¿Qué es el patriarcado? 66
   El poder patriarcal 68
   Las luchas de poder en la pareja 71
   ¿Cómo usas tu poder? 74
   El poder de las mujeres 78
   Liberar al amor del poder patriarcal 85
   Herramientas 89

CAPÍTULO 3. CÓMO CUIDARTE Y CUIDAR TU RELACIÓN 101

Amar es disfrutar 101

Amar es cuidar 119

Herramientas 130

CAPÍTULO 4. HERRAMIENTAS PARA LLEVAR LA UTOPÍA A LA PRÁCTICA 141

Herramientas para la autocrítica amorosa en pareja 142

Herramientas para trabajar el arte de la no violencia 143

Herramientas para el cambio y la transformación de una misma 145

Herramientas para el cambio y la transformación en la pareja 149

ANEXO. EJERCICIOS 152

1. Aprender a amar 152
2. Sueños y realidad 152
3. Por qué sufrimos por amor 152
4. Mi amor habla de mí 153
5. Nuestras pasiones 153
6. Cuidarse a una misma 153
7. Qué bonito es el amor 153
8. Qué sacrificios has hecho por amor y no quieres a volver a hacer 154
9. Qué es lo que necesitas / deseas / quieres para estar bien 154
10. Qué me tengo que trabajar para vivir mejor 154
11. Qué nos tenemos que trabajar en pareja 155
12. Mi contrato de amor 155

INTRODUCCIÓN

Desde que se publicó mi libro *Mujeres que ya no sufren por amor*, somos cada vez más las mujeres que estamos hartas de sufrir y pasarlo mal, y de vivir de rodillas frente al Señor: nos hemos puesto en pie y tenemos claro que no hemos nacido para ser esclavas del amor. Durante este tiempo he estado fabricando, junto a mis compañeras del Laboratorio del Amor, las herramientas que necesitamos para liberarnos individual y colectivamente, para llevar la utopía a la práctica, y para dejar de sufrir y empezar a disfrutar del amor. Estamos reivindicando nuestro derecho al placer, al goce y a vivir una buena vida libre de sufrimiento, de explotación y de violencia. Además, estamos sembrando las semillas de la *revolución amorosa*, y recogiendo ya sus primeros frutos.

Han pasado cuatro años desde que planteé la posibilidad de dejar atrás el romanticismo patriarcal y sustituir las formas tradicionales de relaciones de pareja por los *amores compañeros*. Pero lo cierto es que esta utopía aún no es posible porque para poder querernos bien y para poder disfrutar del amor, tenemos que poder querernos en libertad y en igualdad.

Y las mujeres ni somos libres ni somos iguales.

Para llevar la utopía de los amores compañeros a la realidad necesitamos sustituir la competitividad por la cooperación, y el individualismo por las relaciones de apoyo mutuo. Hay que parar la guerra contra las mujeres, derribar el patriarcado, transformar las masculinidades, e inventarnos nuevas estructuras de relaciones basadas en la empatía, la solidaridad, los cuidados y el compañerismo.

Ya estamos haciendo la revolución amorosa, pero aún nos queda mucho. Y de momento nosotras estamos solas, porque los hombres aún no se han unido. Necesitamos un cambio personal y político que nos permita querernos mejor a nosotras mismas, y entre nosotras, pero sobre todo necesitamos acabar con el patriarcado en la cama, en la casa, en nuestra pareja. Es una cuestión de autodefensa emocional: no podemos ir desnudas al amor mientras ellos van armados hasta los dientes.

Así que necesitamos un contrato para construir una relación basada en los cuidados y el compañerismo, con nosotras mismas y con nuestras parejas. En este libro encontrarás ejercicios prácticos y herramientas para aprender a negociar, a tomar conciencia de las condiciones en las que estás negociando y a identificar tu posición de poder antes de la firma del contrato. Podrás aprender a usar tu poder para evitar el abuso y la explotación por parte de tu pareja, aprender a cuidarte a ti misma y a cuidar tu relación, y a terminarla si no se dan las condiciones para *quererse bien*.

Vamos a tomar conciencia de por qué los acuerdos con la persona amada son importantes, cómo comunicarnos sin violencia y de una forma asertiva y amorosa, cómo ahorrarnos toneladas de sufrimiento, cómo practicar la autodefensa emocional, cómo construir una relación igualitaria, sana y con mucho amor del bueno.

Vamos a aprender a utilizar el método de la *autocrítica amorosa* para nuestro trabajo de desarrollo personal, con el objetivo de mejorar la relación con nosotras mismas, con nuestras parejas y con los demás. También vamos a aprender a cuidarnos cuando estamos enamoradas, cuando nos desenamoramos y cuando nos separamos.

Con los textos, los ejercicios prácticos y las herramientas podrás hacerte muchas preguntas, conocerte mejor a ti misma y entender las estructuras de poder en las que nos relacionamos a diario.

En toda la obra hablaremos mucho del ego y del poder, del arte de la no violencia, de la importancia de desterrar el sufrimiento de la ecuación amorosa. En ella encontrarás muchas claves para trabajar los patriarcados que te habitan, a solas y en pareja, y también encontrarás muchas razones para la rebeldía y la revolución.

Porque trabajando con este libro vas a aprender que el contrato con tu pareja puede funcionar o no, pero que la prioridad siempre es el compromiso contigo misma, y el contrato que firmas contigo misma. Solo así podrás identificar cuándo tienes que deshacer del vínculo, y cuándo ha llegado el momento de liberarte de una relación en la que no hay reciprocidad, y no solo no disfrutas sino que, además, sufres y lo pasas mal.

La primera norma del *autocuidado* es romper las relaciones que nos perjudican y respetar los pactos con nosotras mismas: traicionarse a una misma es demasiado doloroso. Lo que necesitamos no son guerras internas, sino un oasis de paz, de amor y de luz en nuestro interior.

El amor de pareja es una construcción viva: por ello se transforma y requiere muchos cuidados. Si bien hoy sigue siendo un potente dispositivo de control social sobre las mujeres, también sabemos de su enorme potencial revolucionario, porque el *amor romántico* no es la única forma de relacionarse: hay muchas maneras de quererse.

La estructura patriarcal nos hace prisioneras y nos pone de rodillas frente a las personas de las que nos enamoramos. Para ser libres podemos renunciar al amor, pero también tenemos la posibilidad de transformar el amor y liberarlo de toda su carga sexista y misógina.

El amor se puede desmontar y reinventar, y para ello hay que cambiar no solo nuestras formas de relacionarnos, sino también organizarnos social, política y económicamente. Esto significa que si lo personal es político, lo romántico también es político, y que en la medida en que nos liberamos nosotras, también estamos contribuyendo a la construcción de un mundo mejor.

Las mujeres estamos haciendo un trabajo maravilloso para quitarnos la venda de los ojos y para comprender cómo funciona la estafa romántica, y cómo nos afecta. Nos estamos sintiendo cada vez más dueñas de nuestra vida, de nuestro amor, de nuestras emociones, y ya no queremos vivir el amor como una experiencia carcelaria.

Nuestros cambios personales están contribuyendo a cuestionar la *hegemonía heterosexual* y el *sistema patriarcal*: leemos, escuchamos a las demás, conversamos, estudiamos, hacemos terapia, asistimos a jornadas, congresos, talleres, cursos, creamos redes y estamos mezclando todo el tiempo nuestros conocimientos teóricos con nuestras vivencias personales. Estamos trabajando con mucho amor en nuestras transformaciones personales y colectivas: queremos llevar la teoría feminista a la realidad, a nuestra cotidianidad.

En este libro encontrarás las claves para que la relación de pareja te permita seguir siendo tú misma, y te permita sentirte libre. Es muy importante que tengas claro que, durante el tiempo que dure tu contrato de amor, puedes romperlo cuando no se den las condiciones para vivir el amor desde el compañerismo y los cuidados.

¿Pueden los hombres trabajarse sus patriarcados igual que nosotras? Sí pueden, pero de momento no lo necesitan. Es cierto que están un poco perdidos con los cambios que estamos haciendo nosotras. Se dice que la *crisis de la masculinidad* empezó en los ochenta, pero la realidad es que estamos en pleno siglo XXI y muchos siguen actuando y relacionándose igual que sus abuelos. Unos niegan la estructura de violencia y opresión contra las mujeres, otros se hacen preguntas pero se resisten a hacer cambios reales, otros han empezado a trabajar sus patriarcados, pero la verdad es que son pocos los hombres que desean renunciar a sus privilegios y empezar su proceso de transformación.

Este libro puede ayudarles a entender cómo usan su poder, cómo se aprovechan de sus privilegios, y cómo fabricar herramientas para elaborar sus contratos de amor de una forma igualitaria, justa y solidaria. Pero depende, obviamente, de su capacidad para desobedecer el patriarcado y entrenarse en las artes de la autocrítica amorosa.

Soy consciente de que todo lo anterior supone mucho trabajo: no es nada fácil concebir un contrato en el que nosotras adquirimos conciencia de nuestro poder para negociar, y ellos de su necesidad de renunciar a los privilegios que han tenido hasta ahora. Pero este contrato amoroso es la única manera de poder disfrutar del amor, y para ello hay que abrir mucho la mente, ensanchar nuestros horizontes y disfrutar de los cambios que van surgiendo en nuestro camino hacia la liberación.

Para poder disfrutar tenemos que alcanzar unos pactos que nos permitan cuidarnos y cuidar la relación durante el tiempo que permanezcamos juntos. Para ello, nos hace falta una enorme cantidad de honestidad, valentía, empatía, generosidad, ternura, comunicación, solidaridad, apoyo mutuo, paciencia infinita... Pero también muchas herramientas para revisar nuestro comportamiento y nuestra forma de relacionarnos, para hacer elecciones y tomar decisiones, para ser responsables y comprometernos en serio con nosotras mismas y con nuestro bienestar. Ya no somos las mujeres complacientes que siempre ceden en todo y dejan que sea su pareja la que lleve los pantalones en la relación: ahora queremos relacionarnos con nuestros compañeros de igual a igual.

Aquí encontrarás muchas de las claves que te pueden ayudar a construir tu contrato desde los valores y principios de la *ética amorosa*. La ética amorosa consiste en poder relacionarnos como iguales y querernos desde la filosofía de los cuidados y los buenos tratos. Consiste también en que los hombres dejen de aprovecharse del trabajo gratis que hacemos las mujeres, renuncien a su corona, y empiecen a cuidarse a sí mismos y a su gente querida. Ya no pueden seguir recibiendo cuidados sin dar nada a cambio: no es justo que los hombres emparejados vivan como reyes, y sus parejas como criadas.

Mientras, nosotras tenemos que seguir trabajando para liberarnos del romanticismo patriarcal y para fortalecer nuestra autonomía emocional. En este libro podrás aprender a decir que no, a poner límites, a establecer tus líneas rojas, y a comunicarte con asertividad. Podrás aprender a usar tu poder para negociar tu propio contrato de amor, y para vivir tu amor de acuerdo a tus valores y principios feministas.

Cuando todas comprendemos que sí es posible hacer cambios aunque estemos muy enamoradas, y que sí es posible vivir una buena vida libre de sufrimiento, entonces la transformación personal se convertirá en colectiva.

Espero que disfrutes mucho de este libro, y que te sirva de ayuda para construir tus propias herramientas y para el contrato amoroso contigo misma y con tu pareja.

No te olvides de que no estás sola: somos muchas mujeres llevando el feminismo a nuestras camas y a nuestros hogares. Somos muchas las que hemos dejado de vivir de rodillas frente al amor y frente a los hombres, y nos hemos puesto en pie, convencidas de que tenemos derecho a disfrutar del sexo, del amor y de la vida. Este proceso de transformación y liberación es uno de los actos más gozosos y placenteros del mundo, y cuantas más mujeres se unan a nuestra lucha, más vamos a disfrutar.

¿Te unes a nosotras?, ¡vamos allá!

CAPÍTULO 1
CÓMO NEGOCIAR UN CONTRATO DE AMOR

El amor se construye día a día, y es cosa de dos. Quererse bien requiere de mucha energía y mucho trabajo afectivo: el amor no fluye solo, hay que cuidarlo para que crezca y florezca.

El patriarcado nos ha engañado doblemente: por un lado, nos ha hecho creer que el amor es una fuerza mágica o un manantial inagotable de felicidad, y por otro, que las mujeres somos las responsables de que nuestras relaciones funcionen. Por eso, cuando una pareja pasa por una crisis o se separa, la culpa suele caer siempre en nosotras, nos convertimos en sospechosas de no haber sabido o podido cuidar la relación y cuidar al hombre.

Para ser *buenas esposas* tenemos que mantener al marido contento, satisfacer sus necesidades, resolver sus crisis existenciales, solucionar las crisis matrimoniales y tenerlo vigilado y controlado para que no se "desmadre". Porque ese es uno de nuestros roles como mujeres: ser "madres" de nuestros maridos y mantenerlos sujetos al nido de amor.

Y como los hombres se escapan cuando quieren, nos repiten una y otra vez que hay que tener fe en que el amor lo soporta todo, el amor todo lo puede, el amor todo lo cambia, y que si somos perseverantes, nuestro hombre volverá a la senda marcada y dejará de darnos disgustos.

Antes, las parejas duraban mucho porque las mujeres no podían divorciarse. Tenían que obedecer al patriarcado, ser sumisas y aguantar. Ahora, ya sabemos que no hemos venido a este mundo a servir ni a sacrificarnos, y estamos muy hartas de sufrir "por amor". Así que si nosotras estamos caminando hacia la liberación, y ellos siguen comportándose como sus abuelos, ¿podrán sobrevivir las parejas?, ¿será posible el amor cuando las mujeres nos liberemos del todo?

EL CONTRATO DE AMOR NOS HACE LIBRES

La única fórmula para que una pareja dure es que ambos miembros puedan disfrutar por igual, y que ambos le pongan amor y energía a la construcción de la relación.

A las mujeres no nos hablan de la dimensión contractual de la pareja en ningún sitio: ni en la escuela, ni en casa, ni en las historias románticas que nos meten en vena para hacernos yonquis del amor. Pero, curiosamente, cuando nos asomamos a la prensa rosa, vemos que los famosos y famosas negocian y firman contratos nupciales, y en ellos no solo establecen pactos de convivencia, sino también la forma en la que se separarían, si llegase el momento de hacerlo.

Quizá nos parezca poco romántica la visión de una pareja como un contrato, pero lo cierto es que crear una relación es uno de los proyectos más grandes e importantes que llevamos a cabo en nuestras vidas, no importa si lo hacemos una vez o varias.

No podemos ir a ciegas y seguir sin más el modelo propuesto por el patriarcado, porque a nosotras, las mujeres, no nos conviene, no nos sale a cuenta. El contrato sexual del patriarcado es profundamente injusto: la única obligación y el único aporte de los hombres es traer ingresos a casa cada mes. Dicen que además nos protegen de otros hombres, pero la realidad es que el hogar es el lugar más peligroso para las mujeres de todo el mundo, porque es en casa donde sufrimos las violaciones dentro del matrimonio, el abuso sexual infantil, el maltrato y los feminicidios. Son nuestros maridos, padres, padrastros, abuelos, hermanos, tíos y allegados los que, en lugar de protegernos, nos hacen sufrir con sus abusos.

Las mujeres entonces estamos en desventaja: a nosotras nos toca no solo aportar ingresos con nuestro trabajo remunerado, sino dedicar además nuestro tiempo y energía al no remunerado: gestar, parir y criar a la descendencia del macho, y cuidarle y consentirle para que pueda vivir como un rey.

El contrato patriarcal es injusto y monstruoso porque nos trata a todas como sirvientas y porque además nos encierra en una relación monógama. A ellos no. A nosotras nos matan si somos infieles, a ellos les castigan dos noches durmiendo en el sofá.

El contrato patriarcal está hecho para una pareja heterosexual en edad reproductiva que se encierra en un nido de amor, del que el macho se escapa de vez en cuando para sentir, como dice la canción, que *sigue siendo el rey*. Pero este contrato no tiene en cuenta la gran diversidad afectiva, amorosa y sexual de nuestras sociedades. Hay parejas heterosexuales y otras que no lo son, unas que quieren convivir bajo el mismo techo y otras que no, parejas que quieren fundar una familia con hijos e hijas o mascotas, y otras no...

Unas parejas son abiertas, otras cerradas; unas incluyen la diversidad sexual y amorosa de ambos miembros; en otras solo los hombres pueden hacerlo. Algunas se construyen a la velocidad de la luz y otras van despacito, unas son oficiales y otras clandestinas... Hay parejas que no tienen sexo y otras que solo comparten sexo, las hay que conviven con otras parejas, hay parejas que son tríos, hay familias formadas por varias personas adultas...

Unas parejas son visibles y otras invisibles; algunas duran una noche, otras años; unas son estables y tranquilas, otras viven en guerra constante. Hay compañeros de vida, pero también parejas formadas por enemigos que se odian a muerte. Libres o atrapadas, falsas o indestructibles, a distancia o aburridas...

Cada pareja tiene que hacer su propio contrato, y revisarlo periódicamente para asegurarnos de que ambas partes lo estamos cumpliendo, y para cambiar las condiciones en la medida en que vamos cambiando nosotros.

Los cinco pilares del contrato para el amor en pareja son:

1. Evaluar si hay condiciones para quererse bien y para disfrutar del amor.
2. Examinar qué es lo que se puede negociar y qué no.
3. Llegar a acuerdos sobre cómo vamos a cuidar la relación mientras dure.
4. Revisar de vez en cuando esos acuerdos y modificarlos si hace falta.
5. Establecer pactos para cuidarnos durante la relación y cuando termina.

El final es la parte más difícil del proyecto: no sabemos separarnos sin hacernos daño, así que tenemos que pactar los cuidados que nos vamos a brindar mutuamente si llega el momento de romper el vínculo amoroso.

Si no hablamos de lo importante, lo que hacemos es dejarnos llevar por la *magia del amor* y seguir la senda marcada. ¿Y cuáles son las consecuencias? Que las mujeres perdemos nuestro poder y nos vemos sujetas a las normas del patriarcado que nos llevan a posiciones de sumisión en las que nosotras cedemos en todo, aguantamos todo y vamos tragando con todo. Y esto tiene un enorme impacto en nuestra salud mental y emocional, hasta el punto de que un día estallamos porque no podemos más.

Al negociar, le quitamos poder al romanticismo patriarcal y no permitimos que nos impongan las normas heredadas ni las necesidades masculinas. Cuando llevamos nosotras las riendas de la negociación, nos sentimos protagonistas de nuestro proyecto, y no hay nada que nos empodere más que tomar decisiones y velar por nuestro bienestar.

Trabajar en el contrato amoroso nos permite conocer mejor a la otra persona y quererla tal y como es, sin las idealizaciones del enamoramiento, siendo más seguro para nosotras: al conocernos mejor, podemos evaluar si la otra es buena persona, si sabe disfrutar del amor y si hay condiciones para quererse bien.

También nos sirve para ser realistas y prácticas, para cuidarnos a nosotras mismas y para protegernos. Es muy importante establecer los límites y las fronteras de la relación y los términos en los que vamos a relacionarnos. A nosotras las relaciones nos pueden salir muy caras, así que es importante que vayamos al amor con mucho cuidado. Esto no implica renunciar a la magia: podemos disfrutar mucho de la droga romántica, pero tenemos que cuidarnos todo el tiempo para no perder nuestro poder y para poder seguir siendo nosotras mismas.

¿CUÁLES SON LOS RIESGOS DE NEGOCIAR?

Al negociar con tu pareja sobre el modelo de relación que queréis construir, puede ocurrir que os deis cuenta de que:

- Vuestras necesidades y apetencias no son las mismas, y que vuestras concepciones del amor y de la pareja tampoco.
- No hay reciprocidad ni equilibrio entre lo que siente uno y lo que siente el otro.
- En realidad la otra persona no os gusta tanto como creíais al principio.
- Hablando a fondo sobre vuestras vidas pasadas y vuestros deseos de futuro, descubrís que no sois compatibles.
- No hay condiciones para construir una relación porque la otra persona tiene una serie de problemas que os afectan a ambos, o existen impedimentos externos que os impiden disfrutar de la relación.

Y cuando esto sucede, hay que utilizarlo a nuestro favor y terminar la relación de la mejor manera posible. Porque es obvio que si no es mutuo, si no hay reciprocidad, si no hay equilibrio, si no os apetece lo mismo, no se dan las condiciones para disfrutar de una relación. Lo mejor es no seguir adelante.

El amor no es ciego: claro que podemos ver cuando estamos enamoradas. Enamoradas somos capaces de cualquier cosa:

podemos usar nuestro sentido común, tomar decisiones, ser prácticas, protegernos y cuidarnos a nosotras mismas. Somos dueñas de nuestro amor, de nuestras emociones, de nuestro proyecto de vida, y una vez que lo tenemos claro, ya no nos engañan más y ya no abusan más de nosotras.

Enfrentarse con la realidad no es un riesgo, sino más bien un beneficio: cuanta más información tengamos, más fácil será saber si hay condiciones para construir una relación bonita basada en la igualdad y la justicia social. Y si no hay condiciones, entonces podremos ahorrarnos mucho tiempo y energía. Son muchas las parejas que se dan cuenta demasiado tarde de que su relación no funciona y no funcionará jamás.

Y realmente es una pena pasarlo tan mal para nada.

¿CUÁLES SON LAS VENTAJAS DE NEGOCIAR?

En primer lugar, negociar nos permite conocer más a fondo a la otra persona, y tener más información para evaluar si la relación tiene futuro o no, si somos o no compatibles, si merece la pena o no poner en ella nuestras energías.

Hacer un contrato amoroso también nos permite establecer los límites y las fronteras que no se deben traspasar en una relación: marcar las líneas rojas nos ahorrará muchos disgustos. A nosotras nos permite sentirnos protagonistas del proyecto, elevar nuestra autoestima y nuestra confianza personal, y aumentar nuestro grado de responsabilidad y compromiso con nosotras mismas.

Pactar con la pareja nos hará muy felices si llegamos a la conclusión de que hay condiciones para quererse y que hay posibilidades de disfrutar de la relación. No pasa nada si podemos disfrutar dos meses, dos años o dos décadas: lo importante es construir el amor día a día, siendo cómplices y tratando de cuidarse todo el tiempo, y poder romper la relación cuando los dos, o uno de los dos, empiece a sufrir.

Otro aspecto positivo de los contratos de pareja es que disminuyen los conflictos: como no se dan las cosas por supuestas sino que se hablan, es más fácil evitar malentendidos y broncas.

Los desencuentros se producirán cuando no se cumplan los pactos acordados, así que habrá que volver a hablar para evaluar si merece la pena seguir juntos, revisar los pactos y las estrategias, y ver si se pueden solucionar los problemas. Y si no se puede, entonces empezar a negociar la separación.

¿CÓMO NEGOCIAR?

Antes de ponernos a pensar qué se negocia y qué no en el contrato de amor, es fundamental que veamos cómo vamos a negociar, es decir, qué herramientas necesitamos para poder hablar y llegar a acuerdos. También es importante que nos pongamos a pensar sobre el lugar desde el que negociamos, cuál es nuestro poder y cómo vamos a usarlo.

Las relaciones se construyen no solo viviendo experiencias juntos, sino también conversando sobre la propia relación que estamos construyendo.

Conversar es una de las cosas más placenteras que existen en el mundo, porque nos hace más sabias, nos permite intercambiar conocimientos y romper nuestros esquemas mentales, descubrir qué nos pasa y construir el relato sobre nosotras mismas. Al verbalizar lo que sentimos, adquirimos perspectiva sobre ello, podemos pensar con más claridad y retroalimentarnos con las perspectivas de la gente a la que admiramos y queremos.

Conversar es un arte que requiere de mucha generosidad, paciencia, capacidad de escucha, empatía e inteligencia emocional. Sin embargo, en el colegio no nos enseñan a disfrutar conversando: a menudo nos invitan a debatir como si fuéramos a un combate, imitando a los tertulianos que acuden a las televisiones a imponer su visión del mundo y sus opiniones, mientras tratan de machacar a sus rivales. Las conversaciones no deberían ser una batalla, sino un baile en el que nos sincronizamos con armonía para disfrutar juntos de la melodía.

Negociar es conversar sobre el pasado, el presente y el futuro de la relación, y establecer las bases para llegar a pactos que nos permitan querernos bien. Lo hacemos cuando participamos en un proyecto social, político, cultural, científico o empresarial, cuando planificamos unas vacaciones en grupo, cuando vamos a comprar o vender una casa, cuando nos tenemos que repartir una herencia, cuando nos ofrecen un contrato de trabajo o por servicios.

Todas nuestras relaciones son contractuales, y nos pasamos la vida negociando y renegociando: en la pareja, en la familia, en el trabajo, en el centro de estudios, en las comunidades de vecinas y vecinos... Para poder convivir en paz y en armonía, es necesario que podamos expresar nuestras necesidades y apetencias, y que logremos llegar a acuerdos para poder establecer unas normas mínimas de convivencia, de manera que nadie salga perjudicado.

Una de las mayores dificultades para negociar es que nos cuesta pensar en el bien común. Vivimos en una sociedad cada vez más individualista en la que cada cual va a lo suyo, y generalmente nos enfocamos en nuestros propios intereses y necesidades. Por eso es tan difícil llegar a acuerdos.

Para poder negociar tenemos que ser capaces de ponernos en la piel de la otra o las otras personas y desarrollar nuestras habilidades para la empatía y la solidaridad, de manera que ninguno pierda y todos ganemos con los acuerdos alcanzados.

También necesitamos ser asertivas para poder hablar con franqueza, sin posicionarnos en los extremos (el victimismo y el autoritarismo). La asertividad es poder expresar lo que opino o lo que siento sin hacer daño a nadie, y sin miedo a ser atacada, de una manera amable pero firme.

Para poder ser asertivas, necesitamos interlocutores capaces de escucharnos con atención, capaces de reflexionar acerca de las diferencias y las cosas que tenemos en común. Y necesitamos sentirnos libres para poder decir lo que realmente sentimos, pensamos y necesitamos.

A las mujeres nos cuesta más ser asertivas porque nos han educado para ser complacientes y sumisas. No nos gusta crear problemas, tendemos a huir de la confrontación y tratamos de evitar que la otra persona se enfurezca para evitar las agresiones.

Las mujeres somos educadas para ceder, para ser comprensivas y empáticas, para facilitar los procesos, para apaciguar las alteraciones anímicas de los hombres. Nos cuesta decir que no y explicar las razones por las que no queremos o no podemos hacer lo que la otra persona nos está pidiendo, porque nos han hecho creer que las necesidades de los demás son más importantes que las nuestras, y nos sentimos culpables si no podemos complacer a los demás. Llegamos a creer que pensar en una misma sin tener en cuenta las necesidades de los hombres es ser una persona egoísta.

Otro de los principales obstáculos en las negociaciones, además del miedo a crear un conflicto y empezar una batalla, es el miedo a que la otra persona se enoje y nos deje de querer.

¿Qué ocurre con las mujeres que adquieren el don de la asertividad? Que chocan con lo que se espera de ellas, en un primer momento, y a muchas se les acusa de ser "mandonas" o de tener "mucho carácter". Pero, sorprendentemente, son mucho más respetadas que las mujeres que no logran ser asertivas. Parece que tuviésemos que ganarnos nosotras el respeto de los hombres, como si no lo meréciéramos por el simple hecho de ser personas.

Decir en voz alta y de forma directa qué queremos y qué no es una cuestión muy importante, porque los hombres tienden a aprovecharse de esta dificultad nuestra para negociar sin tener que estar cediendo todo el tiempo. Para aprender a negociar con los demás, primero tenemos que aprender a negociar con nosotras mismas, y llegar a unos acuerdos que nos permitan cuidarnos bien.

¿CÓMO NEGOCIAR CONMIGO MISMA?

Igual que negocias con los demás: siendo empática, generosa, solidaria. Escuchando y conectando contigo misma, poniendo atención a lo que te dice tu cuerpo, a las emociones que estás sintiendo, a las ideas que te vienen a la cabeza. Haciéndote preguntas y conversando para intentar conocerte, comprenderte y cuidarte mejor.

Hay tres cuestiones fundamentales en los contratos que hacemos con nosotras mismas: saber qué queremos y qué no, cuáles son nuestras líneas rojas y qué pactos podemos alcanzar para autocuidarnos y poder vivir una buena vida.

Para respetar los pactos contigo misma y con tu pareja, tienes que ser muy honesta y muy leal contigo misma. ¿Qué significa ser leal a ti misma? Ser leal es no engañarte, no mentirte, no boicotearte, y respetar los acuerdos, de la misma manera que lo haces en pareja. La lealtad es una demostración de amor contigo misma: supone comprometerte con tu salud mental y emocional, y ser responsable de tu propio bienestar.

¿Por qué nos es tan fácil ser leales a los hombres a los que amamos, pero nos cuesta serlo con nosotras mismas? Porque nos han hecho creer que los cuidados hacia los hombres son más importantes.

Así que hacer un contrato contigo es fundamental para cuidarte bien: después de elaborar los pactos, tienes que diseñar las estrategias para respetarlos, tomar conciencia de los obstáculos o dificultades que se van a presentar y poner en marcha un plan de autocuidado.

En el capítulo 3 profundizaremos en el tema de los autocuidados, pero ahora vamos a centrarnos en las posiciones desde las que negociamos.

¿DESDE DÓNDE ESTOY NEGOCIANDO?

Imagina que dos partidos políticos se sientan a negociar después de las elecciones para intentar formar una coalición de gobierno. Cada uno lleva sus líneas rojas anotadas, pero hay una diferencia abismal entre ambos: unos han conseguido dos millones de votos, y los otros, doce millones. Es obvio quién tiene más poder para imponer sus condiciones, ¿verdad?

Bueno, pues lo mismo sucede entre hombres y mujeres. Los hombres parten de una situación de ventaja, porque vivimos en un sistema de dominación masculina en el que ellos poseen el 95% de las tierras, la mayoría de los medios de producción y de comunicación, los bancos, los templos de la religión y las grandes empresas.

Lo mismo sucede con el poder político, militar y financiero de los países: la mayor parte de los presidentes, diputados, senadores, alcaldes y demás cargos políticos son hombres. También ocupan posiciones de poder en la ciencia, en el deporte, en las artes y la cultura. Ellos son los protagonistas de las películas, de las series, los videojuegos: los escritores venden más libros que las escritoras, los actores cobran más que las actrices, los directores tienen más trabajo y cobran más que las directoras de cine, de teatro y del mundo de la publicidad. Nosotras salimos menos minutos en la televisión, los expertos en cualquier tema son los hombres, y cuando un hombre coge una cacerola o una aguja, o realiza trabajos considerados femeninos, vemos que puede ganar millones. Por eso conocemos a más diseñadores de ropa y a más chefs hombres que mujeres.

Además, los hombres también acaparan la mayor parte de los cuidados, el sexo y el amor. Millones de niñas nacen en hogares donde tener un bebé del sexo femenino se vive como una desgracia; por eso las niñas sufren más desnutrición, mueren más durante la infancia, sufren negligencias en los cuidados y son vendidas a hombres mayores para casarlas.

A los niños varones se les cuida más: tienen más derechos, sufren menos abusos sexuales y, cuando son adultos, tienen el privilegio de tener relaciones con cuantas mujeres quieran. Las mujeres conocemos menos amores y recibimos menos afecto porque la mayor parte de nosotras vivimos en monogamia, y muchas con la misma pareja toda la vida. Y con frecuencia ponemos en un segundo plano todas las demás relaciones. O peor aún, las abandonamos. Ellos, en cambio, tienen una vida sexual y sentimental más diversa, porque siempre han simulado ser monógamos, pero han podido disponer de varias parejas en sus años de juventud y adultez. Son muchos los que disfrutan de una doble vida, como hombres casados y hombres solteros, un privilegio del que no gozamos las mujeres.

A los hombres les cuidan sus mamás y luego sus esposas, pero además tienen mujeres muy baratas para obtener sexo y cuidados (enfermeras, trabajadoras domésticas, cuidadoras). Unas son pagando, y otras son gratis: gracias a la estafa romántica, hasta el hombre más pobre del planeta puede aspirar a una asistenta personal las 24 horas del día, los 365 días del año.

Nosotras no tenemos criados, ni asistentes, ni cuidadores, ni enfermeros ni secretarios. Ellos son educados para recibir cuidados, pero no para darlos: a ellos solo se les exige que lleven dinero a casa cada mes y no se lo gasten todo en sus vicios y fiestas.

Ellos tienen a su disposición millones de mujeres dispuestas a amar, a sacrificarse, a renunciar a sus propias vidas, a entregarse por completo, a aguantar lo que haga falta, porque el patriarcado nos educa a todas para ser sirvientas y para ser adictas al amor. Así las cosas, ¿se puede negociar en igualdad en estas condiciones? Obviamente, no.

Para los hombres patriarcales el amor es una guerra, y no se meten en relaciones para perder, sino para ganar. No saben tratarnos como compañeras porque no nos ven iguales a ellos ni nos otorgan los mismos derechos. Y por eso les cuesta más admirarnos y enamorarse: lo que hacemos son "cosas de mujeres", no tienen ningún valor. Incluso cuando realizamos actividades parecidas, nuestro trabajo no vale igual: los escritores venden más que las escritoras, los futbolistas profesionales cobran más que las futbolistas profesionales, y así en todas las profesiones: la brecha salarial en España roza el 25%. Nuestro trabajo no obtiene el mismo reconocimiento social y económico que el de los hombres. Y el trabajo que hacemos gratuitamente tampoco goza de ningún prestigio social.

¿A quién admiran los hombres? A otros hombres: a los más fuertes y con habilidades físicas, como los deportistas de élite, o a hombres que se hacen millonarios y acumulan poder, como los mafiosos, los narcos o los presidentes. Los hombres adoran a los guerreros y superhéroes que ganan todas las batallas, a los intelectuales y a los actores porno con pollas descomunales.

A nosotras no nos admiran porque no se nos considera importantes. En general, las mujeres aún cargamos con las tareas más invisibles, peor valoradas y peor remuneradas, aunque sin nuestros cuidados, los empresarios no tendrían obreros para explotar. Porque nosotras les parimos, les educamos, les alimentamos, les lavamos y planchamos la ropa, les ofrecemos condiciones para descansar en un hogar caliente y confortable, les llevamos al médico si enferman, les cuidamos hasta que se curan, y les proporcionamos servicios sexuales. Sin estos cuidados el capitalismo no podría contar con mano de obra disponible.

Los hombres educados en el patriarcado se sienten con derecho a ser amados y cuidados solo porque son hombres: así les educan desde pequeños, para que vivan todos como reyes en su propio hogar. No importa si fuera de él tienen que soportar a jefes tiranos u obedecer a otros hombres de mayor rango y poder: en su casa, al menos, mandan ellos. Les han enseñado a imponer sus deseos y a satisfacer sus necesidades sin tener que dar nada a cambio.

Ni siquiera en las sociedades democráticas hemos podido abolir la monarquía que impera en los hogares: a los hombres les cuesta ceder, les cuesta pactar y les cuesta negociar con las personas con las que conviven porque no se ven como compañeros, sino como dueños de las personas y animales que mantienen. Han sido educados para ser obedecidos.

Así que para poder crear las condiciones necesarias para conversar y llegar a acuerdos, muchos hombres tendrán que quitarse la corona, tomar conciencia de sus privilegios, renunciar a ellos y trabajarse los patriarcados que les habitan.

Nosotras ya llevamos años haciéndolo para liberarnos de los roles, los estereotipos y los mandatos de género, pero obviamente nunca vamos a disfrutar de la igualdad plena si los hombres no apuestan por transformar sus masculinidades.

Hoy en día, para muchas mujeres es casi imposible relacionarse con un hombre machista que se comporte como su abuelo: por eso hay cada vez más mujeres solteras, separadas y divorciadas.

Hay que tener muy en cuenta todo esto a la hora de negociar cómo nos vamos a relacionar y cómo vamos a cuidar nuestra relación. Porque no vamos en igualdad de condiciones: ellos parten con una enorme ventaja y son muy pero que muy pocos los hombres con ganas de trabajarse por dentro para poder ser buenos compañeros y para poder disfrutar del amor.

¿CUÁNDO HAY QUE DEJAR DE NEGOCIAR?

A veces, por mucho empeño y esfuerzo que le pongamos, no hay forma de elaborar un contrato, o de llegar a acuerdos que pueden ser fundamentales para la construcción o el mantenimiento de la relación. Admitirlo no es una derrota: es una prueba de que no se cumplen las condiciones para poder quererse bien.

Estas son algunas de las señales que te indican en qué momento debes dejar de negociar y empezar a plantearte la separación:

- Tienes derecho a levantarte de la mesa de negociación si la otra persona no está siendo honesta, y si pretende centrar la negociación sobre una mentira.
- Si después de las conversaciones te sientes mal, lloras o te sientes hundida emocionalmente.
- Si tu pareja quiere cambiar de estilo de vida y no te toma en cuenta a la hora de pensar en las transformaciones que quiere hacer.
- Si no quiere negociar, ni hablar, ni resolver los problemas.
- Si no cuida la relación ni te cuida a ti, si no te dedica tiempo ni espacio.
- Si hay una diferencia abismal entre lo que dice y lo que hace.
- Si no cumple los pactos que hacéis en vuestras sesiones de negociación y no respeta los acuerdos.
- Si dice que va a hacer esto o lo otro, y no lo hace, es señal de que no está comprometido con los cuidados de la relación.
- Cuando no hay equilibrio en la relación, porque tú das mucho más de lo que recibes, y la otra persona se aprovecha.
- Cuando estás esperando el milagro romántico y nunca llega el cambio que esperas.
- Cuando te oculta información o te miente.

- Cuando algo se rompe dentro de ti y sientes que ya no puedes confiar en la otra persona.
- Cuando sientes que está intentando manipularte, controlarte, engañarte o hacerte sufrir para tener poder sobre ti.
- Si muestra indiferencia hacia ti.
- Si te castiga con silencios de varios días, o con ausencias injustificadas.
- Si aparece y desaparece cuando quiere.
- Si en la negociación y fuera de ella la otra persona se pone agresiva y te hace daño.
- Si utiliza la violencia verbal, emocional o psicológica en forma de insultos, comentarios despreciativos, sarcasmos hirientes, burlas o bromas crueles.
- Si utiliza la estrategia de la coacción, la manipulación, el victimismo y el chantaje emocional, las amenazas y los sobornos o el miedo para conseguir lo que quiere o lo que necesita.
- Si se beneficia de alguna forma con tu dependencia emocional o tu sufrimiento romántico.

Si la relación está a punto de romperse, podéis evaluar si os merece la pena seguir juntos y plantearos empezar a negociar la separación. Si hay mucho sufrimiento, hay que cortarla enseguida. Si no estáis sufriendo, podéis tomaros el tiempo que necesitéis para ir asimilando lo que está ocurriendo.

Es importante estar atentas todo el tiempo a la estrategia que estamos utilizando y que está utilizando la otra persona para conseguir lo que quiere. Y es muy importante, también, recordar que no todas las estrategias son éticas, y que el maltrato y la manipulación psicológica son formas de violencia patriarcal.

Ante el maltrato, tenemos que desarrollar mecanismos de autodefensa emocional para que nuestra pareja no nos manipule, nos machaque la autoestima o nos destroce por dentro con el objetivo de tenernos bajo su control.

Cuando empezamos a pasarlo mal y a sufrir, hay que poner punto final a la historia, sin dilación. Separarse cuanto antes a veces es urgente: solo tenemos que escucharnos a nosotras mismas y a la gente que de verdad nos quiere.

La señal más evidente de que no estás en la relación correcta es cuando empiezas a sufrir innecesariamente, cuando pierdes el sueño y la paz mental, cuando te obsesionas, cuando sientes miedo o ansiedad, cuando pierdes el apetito, cuando lloras a todas horas... son todas señales de que tienes que separarte y cuidar tu bienestar, tu seguridad y tu felicidad.

HERRAMIENTAS

1. ¿HAY CONDICIONES PARA QUERERSE BIEN Y DISFRUTAR DEL AMOR?

Nos han contado la milonga de que el amor es ciego, y que cuando Cupido nos dispara sus flechas nada podemos hacer excepto sufrir y quedar a merced de sus caprichos. Sin embargo, ahora que sabemos que no somos esclavas, sino dueñas de nuestro amor, ya no pueden engañarnos más.

El enamoramiento no es suficiente para poder construir una historia de amor. Además de atracción y química sexual, se deben dar otras condiciones que nos permitan querernos bien y disfrutar plenamente de la relación.

Si tu pareja te confiesa de pronto que está casado y solo puede verte tres horas a la semana, quizá tengas que plantearte si en esas condiciones se puede realmente disfrutar de un romance, y si se puede llegar a construir una relación de pareja con alguien que no tiene tiempo y que engaña a su esposa.

También te puedes preguntar por qué tienes tú que asumir las condiciones que te impone la otra persona debido al otro contrato que tiene con su compañera oficial. Y cómo contribuyes tú a sostener los privilegios masculinos que nos encierran a nosotras en relaciones monógamas.

Sobre todo, es muy importante que no te dejes engañar por la idea de que él vaya a dejarla para casarse contigo, porque esa es otra de las trampas con las que los hombres nos tienen de rodillas a las mujeres, a veces durante años.

Veamos otro ejemplo: tú vives en Alaska y tu amado vive en Sudáfrica, y ambos tenéis unas responsabilidades laborales y familiares que no os permiten mudaros al otro continente. Puedes preguntarte: ¿hay condiciones para quererse así?, ¿cuál es el coste de vivir una relación a distancia a corto, a medio y a largo plazo?, ¿qué impacto va a tener en tu vida mantener un amor virtual?

¿Y si te enamoras de alguien que practica el poliamor y tiene dos parejas más? ¿Cómo te sentirías compartiendo el afecto de esa persona con otras a las que no conoces? ¿Si tu pareja tiene una pareja principal y las demás son secundarias, te ves a ti misma como secundaria en la vida de una persona a la que amas? ¿Estás dispuesta a asumir las condiciones que limitan el tiempo que puedes disfrutar con tu pareja? ¿Puedes aceptar el riesgo de que tu sueño de que pase más tiempo contigo que con las demás no se cumpla?

Imagina que te enamoras de alguien que tiene dificultades para comunicarse, para expresar sus emociones, para desnudarse ante ti, para abrirse en canal y para profundizar, ¿te compensa soñar con la idea de que tú podrás ayudarle a cambiar?, ¿se puede disfrutar del amor con alguien que no tiene las habilidades sociales necesarias para intimar y profundizar?, ¿cómo te afectan a ti estos problemas?, ¿te merece la pena invertir tu tiempo y tu energía en una relación tan difícil?

Otro ejemplo que te puede ayudar a evaluar las condiciones en las que te relacionas es cuando te juntas a alguien que tiene un problema, o muchos problemas. Piensa en las personas que sufren adicciones (alcohol, drogas, juegos y apuestas, medicamentos...), ¿cómo te afectarán a ti a corto y a largo plazo, qué impacto tendrán en tu economía, en tu cotidianidad, en tu bienestar?

O en alguien que sufre mutilación emocional, o tiene cargas familiares muy fuertes, o deudas impagables, o simplemente un trabajo absorbente que le roba doce horas al día... ¿qué impacto tendrá en tu salud mental y emocional?

¿Hay condiciones para quererse bien y para disfrutar del amor si tu pareja niega la relación o te pone muchos obstáculos para el disfrute? ¿Hay condiciones para unirse a alguien que no controla sus emociones y reacciona de forma desmedida en situaciones de estrés? Porque aunque sea una persona encantadora cuando está relajada, tú no tienes por qué soportar su mal humor, ni su rabia, ni sus frustraciones ni sus miedos. Si no se puede controlar, las crisis de tu pareja van a afectarte quieras o no: no podemos ser ilusas ni permitirnos el lujo de creer que tu amor le puede cambiar, ¿cómo vas a ser feliz con alguien que no puede tratarte bien todo el tiempo?

Puede que estés feliz empezando tu nueva relación y de repente descubres que él tiene una denuncia por violencia machista de su anterior pareja. Cuando le preguntas, trata de convencerte de que su ex estaba loca o que él ha cambiado mucho desde entonces. ¿Cómo se lo ha trabajado él, en qué ha consistido su proceso para controlar su violencia?, ¿crees que así se puede empezar una relación, que vas a estar segura, en este contexto, que basta con creer en su palabra?, ¿crees en serio que si otras mujeres han sufrido a su lado tú no vas a sufrir?

Imagina que tu pareja odia los perros y tú tienes tres, que odia a los niños y tú tienes dos, que lleva un ritmo de vida incompatible con tus ingresos, que vive de noche y tú de día, que tiene un problema patológico con la mentira...

Imagina que a tu pareja le da vergüenza que te vean con él en público, o te das cuenta de que sufre enfermedades de transmisión social (clasismo, racismo, xenofobia, homofobia, gordofobia, etc.), o que es un tipo machista incapaz de revisarse sus patriarcados...

En todas estas situaciones es difícil construir una pareja, y puede que ni merezca la pena empezar una negociación.

Estas preguntas no solo te las puedes hacer al comenzar una relación, sino también durante la misma. Porque ya sabemos que, al principio, en la luna de miel, todo parece maravilloso y perfecto, pero cuando empiezan los problemas es importante que te preguntes de tanto en tanto si te compensa o no tratar de continuar con una relación cuando las condiciones no son favorables.

Y también es importante darle la vuelta y preguntarte: ¿en qué condiciones estoy yo para ofrecerle a alguien una historia de amor?, ¿tengo tiempo y espacio para dedicarle a alguien nuevo en mi vida?, ¿tengo realmente energía para dar lo mejor de mí?, ¿cómo afectarán mis problemas a mi pareja?

Imagina que acabas de salir de una relación de diez años y tienes claro que no quieres un vínculo demasiado profundo, ni implicarte demasiado porque necesitas tiempo y espacio para ti, y no te sientes preparada para ser generosa y dar lo mejor de ti en una relación nueva. Pero tu pareja se está enamorando profundamente de ti y quiere que te comprometas afectivamente con la relación, ¿te toca aceptar sus condiciones, o a la otra persona aceptar las tuyas, cuando no son compatibles?

La clave para comprender qué condiciones existen para quererse bien está en el autocuidado y en los cuidados: para formar pareja, no es suficiente que haya química sexual y amorosa. Además hay que evaluar si somos compatibles, si hay afinidad, si hay reciprocidad, si vamos a poder ser felices y si la otra persona se va a poder sentir bien a nuestro lado.

Para evaluar estas condiciones hay que ser muy honesta con una misma y con la otra persona, hablar mucho contigo y con tu pareja, y si llegas a la conclusión de que no se dan las condiciones óptimas para quereros bien, aceptarlo con humildad.

No siempre un romance puede llegar a convertirse en una historia de amor de pareja: recuerda que el enamoramiento no es suficiente y, a veces, acaba demasiado pronto.

2. HERRAMIENTAS PARA LA COMUNICACIÓN ASERTIVA Y AMOROSA

Recordemos, de nuevo, que conversar es un placer, que lo hacemos para poder querernos bien y para poder disfrutar del amor, y que es mucho más fácil si lo hacemos desde la ternura radical. Es decir, que hay que sentarse a negociar no como si fuéramos al campo de batalla, con actitudes de ataque y defensa, sino desde una posición de entendimiento mutuo y amoroso.

Y además, también necesitamos:

- Recordar que, por muy enamoradas que estemos, podemos utilizar nuestro sentido común y que para negociar hay que estar muy lúcida, muy despierta, y con los pies en la tierra.
- Ser generosas y sentarnos a la mesa con ganas de buscar soluciones y llegar a acuerdos.
- Tener presente todo el tiempo que la desigualdad entre sexos hace que nosotras estemos siempre en desventaja en las negociaciones. Esta desigualdad ha de ser un elemento visible y constante encima de la mesa de negociación.
- Además de tomar conciencia de las condiciones personales en las que estamos negociando, también tenemos que tener en cuenta las condiciones estructurales en las que nos relacionamos (patriarcado y capitalismo).
- Cuidar nuestro lenguaje: podemos expresar nuestras ideas, nuestro dolor, rabia, miedo o frustración intentando elegir bien las palabras, el tono y el volumen de nuestra voz para que no hagan daño a la otra persona.
- Crear las condiciones para que podamos hacer autocrítica amorosa en común y así hablar de nuestros privilegios, analizar nuestros errores y defectos, y planificar las estrategias que necesitamos para mejorar.
- Escucharnos con amor: hoy en día nos cuesta mucho mantener la atención en una sola cosa o una sola persona, pero en estas conversaciones es necesario centrarse al máximo, así que las pantallas pueden desconectarse el tiempo que dure nuestra negociación.
- Evitar las interrupciones: es mejor dejar que tu pareja se sienta confiada y pueda desarrollar las ideas y las emociones que tiene dentro sin ser interrumpida, aunque sus palabras nos causen emociones fuertes.
- Ser valientes: que no tengamos miedo de decir lo que pensamos y lo que sentimos, ni tengamos miedo a nuestras reacciones o a las de la otra persona.

- Ser honestas con nosotras mismas y con la otra persona, que podamos mirarnos a los ojos y tocarnos mientras hablamos.
- Sentir que nuestras emociones son válidas, y validar los sentimientos de la otra persona. Evitemos minimizarlos, negarlos o defendernos de ellos. Cada cual siente lo que siente, y tenemos derecho a expresarlo sin miedo, e intentando no herir a la otra persona.
- Intentar no juzgar y no encajonar a la otra persona utilizando etiquetas patriarcales: "Es que vosotros los hombres...", "Es que vosotras las mujeres...".
- Dar consejos y hacer sugerencias de cambio y de mejora a la otra persona sin herir su sensibilidad, desde una posición de solidaridad y ayuda mutua. Recibir los consejos de la otra persona con amor.
- No perder el tiempo ni caer en lluvias de reproches. Que el tiempo de diagnóstico (¿qué nos pasa?) sea breve, y que nos centremos sobre todo en las soluciones y los pactos a los que necesitamos llegar.
- Es fundamental que los acuerdos a los que lleguemos no atenten contra nuestros derechos y libertades. Otra cosa es que estos acuerdos puedan derribar nuestros privilegios, y como lo que queremos es una relación igualitaria, hay que saber perderlos, aunque duela.
- Tras cada conversación podemos identificar qué debemos trabajar individualmente y en pareja, y establecer las estrategias necesarias para ello.
- Sustituir el "Es que tú..." por un discurso en primera persona: "Yo me siento así cuando pasa esto".
- Podemos tomar conciencia de cuándo nos estamos poniendo tensos, y tomar un descanso si aumenta la tensión emocional o se desborda.
- Hacer un balance de las cesiones que hacemos, para ver si hay equilibrio entre lo que ambos cedemos.
- No imponer nuestra voluntad a la otra persona, ni aceptar que la pareja nos la imponga. Si no logramos llegar a un

acuerdo, nos podemos dar unos días para pensarlo con tranquilidad por separado.

- Entender que no vamos a encontrar soluciones para todo ni a alcanzar pactos inmediatos porque la negociación es un proceso, y requiere de varias sesiones y mucha comunicación por ambas partes.
- En el caso de que no lleguemos a algún acuerdo importante, cabe la necesidad de plantearse de nuevo si hay condiciones para construir la relación y disfrutar del amor.
- Es importante que aprendas a disculparte cuando en la conversación te das cuenta de que actuaste mal o que hiciste daño a la otra persona. Sin embargo, no es suficiente con pedir perdón; también puedes comprometerte a que no vuelva a pasar, y explicar cómo vas a trabajar para lograrlo.
- Hay que aprender a decir que no, y a ceder. Dependiendo de cuál sea tu punto débil: si te cuesta decir que no, tienes que entrenar todo lo que puedas para evitar el sentimiento de culpa o el miedo. Si te cuesta ceder, tienes que practicar el arte de la diplomacia y negociar de nuevo contigo misma para evaluar en qué puedes ceder y en qué no.
- Culpa y responsabilidad: la culpa tiene que ver con el pasado, sobre cosas que dijimos o hicimos que hicieron daño a la otra persona, y de las que nos podemos arrepentir. Pero como no podemos hacer nada para cambiar lo que sucedió, es mejor sustituir la culpa por la responsabilidad, por ejemplo, para que no vuelvas a decir o a hacer lo mismo.
- En el caso de que sintamos que hay mucho rencor acumulado, entonces quizás haga falta una terapia de pareja para profundizar en ello, ver de dónde viene y cómo disminuirlo o eliminarlo, porque el rencor acumulado es un obstáculo muy importante en los procesos de negociación y hace mucho daño a todas las partes. Pedir ayuda a una persona profesional, con perspectiva feminista, puede ayudar mucho, y es importante no dejarlo para cuando ya la relación está a punto de romperse.

- En las negociaciones, el objetivo es que la palabra se convierta en acción. Así que lo primero es revisar si se están cumpliendo los pactos a los que llegamos, si nos están funcionando las estrategias, si no deberíamos probar otras... Es importante porque la clave de las negociaciones es poder llevar la teoría a la práctica: si no logramos que ese trabajo mejore nuestra relación, todo queda en un discurso vacío.
- Es importante que podamos felicitarnos a nosotros mismos por los logros obtenidos, así como a nuestra pareja, y agradecer el amor que le está poniendo a su trabajo personal y a su forma de cuidar la relación.
- Usar nuestro sentido del humor y dejar volar nuestra creatividad: cuando podamos identificar una lucha de poder, es todo más fácil si nos podemos reír ambos de la situación, y de nosotros mismos. Entre risas es más fácil ponerse a buscar soluciones que nos ayuden a salir del conflicto sin que ninguno de los dos se sienta perdedor: es más fácil relativizar y restarle importancia al conflicto, y nos dispone mejor a ambos para negociar lo mejor para los dos.
- Tener siempre presente que negociamos para poder disfrutar más, y que el objetivo es que las dos personas estén conformes y contentas con las decisiones conjuntas que han tomado.
- Los encuentros tienen que ser una prioridad y tener su espacio y su tiempo en tu agenda: son parte de los cuidados que necesita tu relación. Y una forma de demostrar que te importa tu pareja es respetar las fechas acordadas para cada sesión, y no tener prisa para poder charlar tranquilamente.

3. ¿QUÉ NEGOCIAMOS?

Si después de la borrachera del enamoramiento os dais cuenta de que se dan las condiciones para poder quereros bien y para poder disfrutar del amor, entonces podéis hablar sobre cómo vais a elaborar vuestro contrato amoroso y cómo os vais a cuidar durante la negociación.

Cuando lo tengáis claro, entonces ya podéis empezar a establecer qué es lo que se puede y lo que no se puede negociar.

A la negociación tienes que llegar con tu lista de líneas rojas, es decir, cosas que no son negociables para ti. Antes, ya habrás negociado contigo misma lo que quieres y lo que no quieres. El siguiente paso es comprobar si tus necesidades y apetencias son compatibles con las suyas.

Estas son algunas de las cosas que se pueden negociar en pareja.

TIPO DE RELACIÓN Y GRADO DE COMPROMISO

La primera conversación que solemos tener cuando llevamos varias semanas o meses de relaciones sexuales con alguien que nos gusta mucho empieza con la pregunta: "¿Tú y yo qué somos?".

Generalmente la planteamos las mujeres: muchos hombres alargan todo lo que pueden la cuestión porque creen que formalizar una relación es como entrar en prisión. Para ellos las relaciones son una cárcel, o una vida de libertad vigilada, y tratan de no comprometerse para poder disfrutar a la vez de su vida de hombre emparejado y soltero.

Nosotras, que hemos sido educadas para ser adictas al amor romántico, sufrimos ansiedad pensando en cómo vamos a plantear esta pregunta, cuándo es el momento adecuado y qué nos van a responder. Podemos retrasar este momento, pero al final necesitamos saber cuál es el grado de compromiso que la otra persona está dispuesta a tener.

Porque para nosotras el estatus social más alto siempre ha sido ser la "novia de" o la "esposa de", y por debajo de la pareja oficial, vienen todas las demás: las amigas, las amantes, las prostitutas... Antes era muy importante adquirir el rango máximo porque era lo único que nos daba poder y medios de subsistencia.

Hoy sigue pesando sobre nosotras el estigma: si un hombre no te ofrece matrimonio es porque no vales lo suficiente como para llegar a ser una "señora". Por lo tanto, te quedas fuera del sistema que respeta a las madres-esposas, y te sitúa en las categorías más bajas, reservadas a las *mujeres malas*.

Las *mujeres malas* son las de usar y tirar, las que puedes comprar y alquilar, las *putas* que no merecen el trono del matrimonio. Por eso las mujeres basamos nuestra autoestima en la valía que nos otorgan los hombres: si nos reconocen como pareja oficial, somos felices. Y si no, ya sabemos lo que toca: ser la otra, ser el segundo plato y, muchas veces, vivir a la sombra.

A nosotras no se nos permite que deseemos relaciones sin compromiso emocional, y que queramos tener varias relaciones a la vez. Aún hoy en día se nos sigue llamando "zorras", "guarras", "putas", "ninfómanas", etc. porque de nosotras se espera que nos enamoremos siempre del hombre con el que tenemos sexo, y que vivamos con el sueño de que él nos elija como esposa oficial o como compañera de vida.

Los hombres defienden su "libertad" con uñas y dientes, y se lo piensan muy bien a la hora de enamorarse y comprometerse. Muchas de nosotras, en cambio, vamos corriendo como locas hacia la meta final: que un hombre nos reconozca como seres únicos y especiales, y nos otorgue el premio mayor.

Por eso, cuando nos sentamos a hablar de qué tipo de relación vamos a tener, y con qué grado de compromiso emocional vamos a vincularnos, no lo hacemos en igualdad de condiciones.

Cuando hablamos sobre el ritmo e intensidad que queremos llevar, el tiempo que le vamos a dedicar a la relación, virtual y presencialmente, la frecuencia de las citas y el contacto, y los canales de comunicación que vamos a emplear, nos encontramos con que las mujeres jugamos con una enorme desventaja cuando desarrollamos un vínculo romántico.

Sin romanticismo es más fácil relacionarse. En el momento en que nos enamoramos, actuamos como drogadictas: muchas mujeres viven pendientes de los mensajes, las llamadas y los intentos de conexión de los hombres a los que aman. Cuando los hombres no tienen la misma necesidad de comunicarse y conectarse que nosotras, empezamos a sufrir.

Los hombres saben aprovecharse de nuestro sufrimiento romántico: cuanto más vulnerables y dependientes somos, más sumisas nos ponemos. Para ellos es más fácil negociar porque reciben otro tipo de educación sentimental. Para ellos el amor es otra cosa: no es el centro de sus vidas. Ellos no se enamoran como nosotras, en plan kamikaze. Se enamoran de otra manera: a ellos no les han inculcado esta necesidad de ser amados, de sentirse reconocidos, de adquirir un estatus a través del amor. Tampoco tienen la necesidad económica de ser mantenidos, ni les despiden del trabajo cuando tienen hijos, por ejemplo. Son más libres y autónomos que nosotras, y confían mucho más en sí mismos que nosotras.

Las mujeres no tenemos la autonomía emocional suficiente como para construir relaciones igualitarias, ni para negociar los términos en los que nos vamos a querer. Nos han enseñado a mendigar o exigir amor, y a ejercer nuestro poder desde la sumisión.

Incluso aunque queramos romper con el patriarcado y probar nuevas formas de querernos, nosotras siempre estamos en desventaja. Para ellos es mucho más fácil, por ejemplo, practicar el poliamor, porque nunca han sido monógamos y ahora pueden vivir sus amoríos sin tener que mentir ni ocultarse. Ahora por fin pueden presumir de sus conquistas, y llevarnos a su terreno. Ellos ganan porque nosotras tenemos el patriarcado dentro: a nosotras nos han educado bajo el mito de la monogamia, que fue inventado para reprimir nuestro deseo y controlar nuestra sexualidad, y mantenernos encerradas en el hogar esperando a que el macho volviera de sus juergas.

Ahora estamos intentando liberarnos del mito que nos quiere monógamas, fieles y centradas en un solo hombre, pero ¿cuál es el coste de intentar liberarnos después de tantos siglos de opresión y control? ¿Realmente se puede una convertir en una mujer poliamorosa de la noche a la mañana? ¿Cómo trabajar los celos, los miedos, las inseguridades y la baja autoestima cuando tu compañero goza con varias mujeres y tú eres una más?

Las mujeres monógamas sufren mucho intentando ser poliamorosas, pero para las mujeres poliamorosas esta moda de las relaciones abiertas es una auténtica liberación. Ahora por fin pueden tener varias relaciones sin que sus compañeros las maltraten o las maten por ser infieles. Sin embargo, las mujeres no jugamos en las mismas condiciones: la sociedad sigue sin aceptar que una mujer pueda amar a varios hombres o mujeres a la vez, porque atenta contra los valores principales del patriarcado.

Ahora bien, ¿cómo están viviendo los hombres la libertad sexual y amorosa de las mujeres poliamorosas? ¿Aceptan de buen grado las diferentes parejas de su pareja principal?, ¿ponen problemas, respetan los pactos, llevan bien los celos y los miedos? Porque cuando son ellos los que se enamoran de otras mujeres, todo bien, pero ¿qué sucede cuando es ella la que se enamora?

Las negociaciones en monogamia son, en realidad, muy parecidas a las relaciones en las parejas abiertas: en ambos casos, cuidar a tu pareja requiere sinceridad y honestidad con la otra persona. Y, por supuesto, quienes son menos honestos en esto son los hombres, por lo cual en teoría la mejor fórmula de emparejamiento para nosotras no es estar en monogamia con un hombre deshonesto e infiel, sino estar en una pareja abierta en la que no haya engaños, y ambos podamos tener más relaciones.

Suena sencillo, pero no es tan fácil: son muchos siglos de patriarcado los que tenemos encima. Y apenas tenemos referencias de relaciones sanas, libres e igualitarias en las que los hombres traten a las mujeres como compañeras. Realmente, son muy pocos los hombres capaces de hacerlo, muy pocos los que tienen ganas de ponerse en serio a trabajar en ello.

PLACER Y SALUD SEXUAL

Cuando nos sentamos a hablar sobre cómo vamos a cuidar nuestra salud sexual, qué métodos de protección vamos a usar para evitar embarazos y enfermedades de transmisión sexual, es fundamental tener en cuenta que no partimos de una situación de igualdad a la hora de negociar.

Los hombres no se quedan embarazados y para nosotras las ETS son más peligrosas que para ellos. En algunos casos, las enfermedades solo las sufrimos nosotras: ellos son simples portadores de los virus, bacterias y hongos que producen las enfermedades.

Otra cuestión que nos sitúa en desventaja a mujeres y hombres es que solo existen dos métodos anticonceptivos para hombres: el preservativo y la vasectomía. El resto de los anticonceptivos son para mujeres, y algunos tienen un impacto tremendo en nuestra salud física, emocional y psíquica, porque a algunas de nosotras nos producen alteraciones hormonales muy fuertes.

Un hombre no puede pedir a su compañera con ligereza que use la píldora anticonceptiva: primero tiene que informarse sobre los riesgos para la salud de las mujeres (trombosis, dolor de cabeza, dolor de mamas, retención de líquidos) y los efectos secundarios (bajada de la libido, cambios en el estado de ánimo, incremento del peso corporal, manchas faciales...).

Mientras escribo estas líneas, aún no han comercializado las inyecciones ni las píldoras para hombres, pese a que en 2019 se anunció con mucho entusiasmo que pronto estarían listas. Parece que ninguna farmacéutica se atreve a apostar por ellas, a causa de las dudas y resistencias que generan en los hombres, que siempre han asumido que su capacidad fértil es un indicador de lo machos y viriles que son.

La única barrera protectora que pueden utilizar contra las ETS les genera muchas resistencias, porque sus penes *son demasiado grandes* y el látex *les aprieta demasiado*. Otra excusa es que no sienten igual o que no logran alcanzar una buena erección: son muchos los argumentos que emplean para no ponérselo.

A los hombres no les han enseñado a cuidar su salud sexual y les han hecho creer que somos las mujeres las que tenemos que hormonarnos y asumir las consecuencias de los fallos de los anticonceptivos, y también las consecuencias que derivan de la negativa de los hombres a usar condón.

Teniendo en cuenta la cantidad de mujeres que mueren cada año en el mundo por abortos clandestinos, y la cantidad de ellas que son torturadas con embarazos forzados y maternidades no deseadas, ¿cómo es posible que a los hombres les importe tan poco la vida de sus compañeras sexuales y sentimentales?

Ahora que sabemos que la falta de protección y de cuidado de la salud sexual es violencia machista, ¿cuántos hombres están tomando conciencia de lo importante que es prevenir embarazos no deseados y cuidar a las mujeres con las que se relacionan? Sí, son muy pocos aún.

Por eso, para poder negociar en pareja los métodos que se van a emplear, tenemos que tener en cuenta el contexto en el que estamos: las mujeres nos jugamos la salud y la vida, apenas hay métodos específicamente dirigidos a hombres y ellos siguen sin querer usarlos. ¿Nos compensa realmente hormonarnos para que ellos puedan disfrutar plenamente? Ya sabemos de sobra que no.

Y sabemos también que tener relaciones sin protección para complacerles no sirve para que se enamoren de nosotras y nos elijan por encima de otras. Porque el mundo está lleno de mujeres dispuestas a ponerse en peligro con tal de evitar que su pareja elija a otra mujer que no exija protección. Son millones.

Cuando nos sentamos a hablar sobre cómo vamos a cuidar el placer en el sexo, qué nos gusta a cada uno, qué nos apetece probar, qué no, cómo nos gusta hacerlo, qué fantasías sexuales tenemos, donde están los límites de cada uno... el principal problema que surge es la comunicación.

A muchas mujeres les da vergüenza hablar sobre sus gustos y apetencias en el sexo, por el estigma de la mujer ninfómana, ese "ser monstruoso" del que no te puedes fiar. A los hombres también les cuesta por la homofobia que llevan dentro, y porque tienen un miedo atroz a no poder satisfacer realmente a sus compañeras sexuales y sentimentales.

Para poder hablar de sexo hay que aprender a hablar sin miedos, sin tapujos, y rompiendo todos los tabúes del patriarcado.

Y también hay que romper con la tiranía del porno. Es hora de que los compañeros se empiecen a hacer preguntas como: ¿por qué me excita ver a las mujeres sometidas, de rodillas, llorando, aterrorizadas?, ¿por qué me excitan las violaciones grupales o los vídeos donde se penetra a las mujeres con las pollas de animales gigantescos, como los caballos?, ¿por qué me excita ver a niñas vírgenes siendo violadas en sus habitaciones infantiles?, ¿por qué me gusta oír gritos de dolor mientras tengo un orgasmo?

¿Por qué me molestan las mujeres lesbianas que se aman entre ellas, pero me excita verlas en el porno tan complacientes y sumisas a mi mirada?, ¿por qué no me considero racista pero me encanta ver mujeres de otras etnias sometidas por varios hombres blancos?

Esas mujeres con las que me excito, ¿están ahí porque quieren, conservan su pasaporte o son esclavas sexuales?

¿Cómo contribuyo al negocio de las esclavas sexuales cada vez que veo un vídeo porno?, ¿cómo contribuyo cada vez que voy al puticlub con mis amigos?, ¿por qué soy incapaz de hablar en público sobre mis noches de fiesta en el burdel?, ¿por qué no lo hablo delante de mi pareja, de mi madre, de mi jefa?, ¿por qué simulo ser un tipo honesto y sigo creyendo que alquilar mujeres no es ser infiel a mi pareja?

¿Por qué no subo fotos a mis redes sociales con las mujeres a las que pago para eyacular en sus orificios?, ¿por qué no me hago amigo de ellas?, ¿por qué no quiero que mi hija, mi madre, mi hermana se dediquen a abrir sus orificios para otros hombres como yo?, ¿cómo puedo tener relaciones sexuales con mujeres que no me desean?, ¿cómo me siento cuando escucho a las sobrevivientes de trata hablando del asco que les dan sus clientes?

Todo este trabajo de autocrítica es fundamental para los hombres, porque su doble vida tiene un gran impacto en las mujeres: solo en España se calcula que hay más de 100.000 esclavas sexuales. La demanda de los hombres mantiene uno de los negocios más lucrativos del mundo: el tráfico de mujeres y niñas para la explotación sexual.

Así que es urgente hablar sobre la estafa de la monogamia y la doble vida de los hombres, sobre sus escapadas, sus amantes, sus fiestas de machos. Es la conversación más difícil, pero también la más necesaria para poder construir una relación igualitaria.

Maternidad, paternidad y crianza

Plantearse el futuro es importante, aunque parezca lejano, por una sencilla razón: tenemos un límite en nuestra edad reproductiva, y no solo nosotras: también su esperma va perdiendo calidad, y sus hábitos de salud, más los venenos de la alimentación que tomamos, van minando poco a poco su fertilidad.

Si ellos quieren tener bebés y nosotras no, hay que decirlo con mucha claridad y firmeza, para que la otra persona sepa a qué atenerse y no haya problemas después.

Si somos nosotras las que queremos tener descendencia rozando los 40 años de edad, es una pérdida de tiempo empezar una relación con alguien que no los quiere tener. Sencillamente, no nos podemos permitir el lujo de soñar que podremos convencer a la otra persona cuando nos sintamos listas para la maternidad.

Es algo que tenemos que tener muy claro: nadie puede obligarnos a ser madres, y nosotras tampoco se lo podemos imponer a nadie. No hay mayor tortura que tener que criar bebés no deseados, y a su vez, los bebés no se merecen nacer en un hogar en el que no fueron deseados plenamente por ambos progenitores.

Para los hombres es más fácil huir de sus obligaciones: en todo el mundo hay millones de padres ausentes, que van y vienen, que aparecen y desaparecen, que utilizan a sus hijos para hacer daño a la madre, que se sienten incapaces de criar porque aún no han madurado lo suficiente.

Es un desastre, pero lo cierto es que son muchísimos los hombres que no quieren tener hijos y se niegan a usar condón o a hacerse la vasectomía. No toman medidas de ningún tipo, y luego, sencillamente, se desentienden de "los problemas".

Para nosotras la maternidad no deseada es una auténtica cárcel, infernal porque es para toda la vida.

A nosotras a veces nos ocurre que no deseamos la maternidad aislada del *pack* de la familia feliz. Para muchas de nosotras tiene sentido si está el papá de la criatura; por eso, cuando el señor declara que le viene grande lo de la crianza y se larga, muchas mujeres experimentan un gran rechazo hacia sus bebés porque en realidad no querían ser mamás: solo pretendían cumplir con el sueño de la familia feliz. ¿Y ellos? Les han hecho creer que cuantos más hijos tengan, más machos son, y cuantas más mujeres fecunden, más prestigio obtienen como hombres.

Muchos saben que la mejor forma de retener a las mujeres a su lado y *encerraditas* en casa es darles muchos hijos para que no se planteen divorciarse en ningún momento. Así lleva siendo durante siglos: así se aseguran una cuidadora permanente y gratis para toda la vida.

A los padres arrepentidos se les comprende y se les perdona, a las mamás arrepentidas se les castiga con ferocidad, porque no hay nada peor en esta sociedad que ser una *mala madre*. Ya sabéis, esta doble moral que es tan indulgente con las maldades de los hombres y tan cruel con todo lo que hacen las mujeres.

Cuando las posiciones en este tema están claras (yo quiero tener bebés, tú no, o al revés), entonces es mejor dejar la relación. Solo plantearse la posibilidad de que la otra persona acceda a hacerlo sin quererlo ya es una forma de dominación y violencia: no dejes que nadie te ponga contra la espada y la pared.

Y no pongas a nadie entre la espada y la pared.

Es posible que vuestra relación solo dé para un romance corto: aprovechadlo el tiempo que dure, y separaos en el momento justo en el que el enamoramiento ya no dé más de sí.

REDES DE AFECTO

¿Qué ocurre cuando dos personas que se unen tienen hijos o hijas de otra pareja?

Si tú vives con tus hijos o hijas, tienes dos posibilidades: que tu pareja se una a tu familia y viva bajo el mismo techo, o que cada cual viva en su casa. Lo mismo sucede al revés: tú puedes elegir si prefieres seguir viviendo en tu casa o si te unes a la familia de tu pareja.

Una de las claves para iniciar este proceso es contar con la voluntad de tus hijos, tener en cuenta su opinión, sus apetencias y sus necesidades. Porque a veces sucede que a tus criaturas les encanta tu pareja, y otras veces, no.

Es decir, la convivencia bajo el mismo techo no solo depende de lo que queráis hacer tú y tu pareja, sino también de cómo se sienten ellos.

A veces es un tema de tiempo y de ritmos: después de una separación, los niños necesitan un tiempo para asimilarla, y después necesitan también un tiempo para asimilar una nueva relación. Primero tienen que conocerse bien, y en este sentido, las presiones y las prisas no son buenas compañeras.

¿Qué sucede si a tu pareja no le gustan los niños, o no le apetece convivir con ellos? Que no puedes forzarle a vivir con ellos bajo un mismo techo. ¿Y si a los hijos de tu pareja no les apetece que vivas con ellos? Lo mismo: forzar la convivencia puede llegar a ser un infierno para todos.

Aquí, de nuevo, los hombres cuentan con una gran ventaja, porque los que no conviven con sus propios hijos lo tienen mucho más fácil para compaginar sus obligaciones de padre y su vida con una nueva pareja. Muchos de ellos solo les ven dos fines de semana al mes y unos pocos días en vacaciones.

Luego están los padres que abandonan emocionalmente a sus criaturas y que se limitan a pagar sus pensiones alimenticias para no ir a la cárcel: ninguno de ellos puede ser un buen compañero, sencillamente porque no cuidan a su familia y huyen de sus obligaciones. Y porque, además, si tienes hijos con ellos, pueden hacer exactamente lo mismo contigo. Y de hecho, lo hacen.

Para nosotras es mucho más difícil compaginar la pareja con la familia, mucho más para las que no tienen custodia compartida con el papá de las criaturas.

Además, el alto nivel de abuso sexual infantil que existe en todo el planeta lo hace todo más complicado, especialmente cuando nuestras niñas son adolescentes. Generalmente la presión se cierne sobre ellas: no andes desnuda por la casa delante de tu padrastro, no te vistas así delante de tu padrastro, no te despatarres en el sofá delante de tu padrastro, cierra la puerta del baño cuando te duches...

Recordemos que las culpables de los abusos y las violaciones somos siempre nosotras, que vamos *provocando* a los hombres. A ellos no los educamos para que no violen: lo que hacemos siempre es educarlas a ellas para que se protejan a sí mismas de las violencias que sufren en el hogar.

En América Latina he conocido a muchas mujeres que no permiten a sus parejas bañar y cambiar de ropa a sus bebés, porque ellas sufrieron abuso sexual de niñas y no se fían ni de sus propios compañeros, ya sean padres o padrastros. Es una realidad de la que apenas hablamos, pero existe y destroza psicológica y emocionalmente a millones de personas en el mundo.

Las víctimas de abuso sexual infantil tardan una media de treinta años en hablar de ello: si se atreven a pedir ayuda cuando están sufriendo las violaciones, generalmente no las creen. Y tanto la prensa como la justicia siempre se ponen de parte del violador: no solo no las creen, sino que además las culpabilizan.

Y aunque suena muy fuerte y doloroso, hay mujeres que prefieren cerrar los ojos al sufrimiento de sus hijas porque están muy enamoradas de sus novios y de sus maridos.

No todas las mamás son amorosas y entregadas, y no todas las mamás quisieron serlo: la presión sobre nosotras para que tengamos criaturas es fortísima. Y en muchos países nos meten presas por abortar. Así que millones de mujeres tienen bebés sin desearlo y sin sentirse preparadas para ello. Algunas son niñas de 10 años, que además de ser violadas son forzadas a parir y a ser madres.

Los hombres en cambio pueden huir y seguir sembrando el mundo de hijos no queridos.

Hay hombres que se desentienden completamente de sus hijos si a sus nuevas compañeras no les agrada la idea de formar una familia con ellos. Incluso son capaces de dejar de pasar la pensión alimenticia si reciben presiones de ella para hacerlo.

Hay mujeres que dejan a sus criaturas a cargo de los abuelos u otros familiares porque sus parejas no quieren niños en la casa. Algunas se marchan del país tras los pasos de su amado, y dejan todo por ellos.

Los hombres van y vienen, las relaciones sentimentales empiezan y se acaban, los niños y las niñas no tienen por qué sufrir nuestros problemas sentimentales. Nosotras podemos sufrir mucho por amor, pero no es justo que sus vidas se vean condicionadas por nuestros estados sentimentales.

Las mujeres solemos tener claro este punto: primero mis criaturas, luego mi necesidad de vivir un romance o de tener una pareja. Pero luego la realidad es más complicada, especialmente cuando nos juntamos con hombres que nos maltratan: nos cuesta mucho identificar a los maltratadores y escapar de la violencia. A veces nos cuesta entender que el sufrimiento de las madres afecta muchísimo a sus hijos.

Las víctimas de violencia intentan disimular y proteger a sus criaturas y a sus mascotas, pero no todas pueden escapar y ponerlas a salvo. Muchas de ellas se encierran en el cuarto con sus maltratadores para que los demás no vean cómo ellos las insultan, las humillan, las pegan o las violan, pero lo cierto es que los niños son perfectamente conscientes y sienten mucho dolor.

Por eso las mujeres nos tenemos que pensar muy bien si convivir o no con nuestras parejas: los niveles de abuso sexual, de maltrato psíquico y emocional y de violencia física son brutales, y no podemos hacer como si no existieran. Cada minuto un hombre viola a una mujer en el mundo, más en casa que en la calle, y matan a 135 cada día, también en sus propias casas.

¿Qué ocurre cuando yo o mi pareja tenemos familiares dependientes a nuestro cargo?

Además de pensar en cómo afectan tus relaciones a tus hijos e hijas, también tienes que pensar en tu entorno más próximo. Puede que tengas en casa a un hermano con discapacidad, o a tu madre mayor dependiente, o un familiar accidentado o enfermo, ¿estaría tu pareja dispuesta a convivir bajo el mismo techo?

Y al revés: ¿estarías dispuesta tú? ¿Qué implica convivir con alguien que está cuidando a más personas, y cómo te afecta?

Ni tú puedes pedirle a tu pareja que se desentienda de sus obligaciones, ni tu pareja puede pedírtelo a ti.

Si uno decide vivir con la persona que tiene cargas familiares, tiene que asumir lo que esto implica en términos económicos, de logística y de tiempo. Y los problemas de convivencia que acarrea esta situación.

También puede suceder que llevéis tiempo conviviendo y que de pronto uno de los dos tengáis que cuidar a algún miembro de vuestra familia que os necesite: toca sentarse a renegociar las condiciones de vuestra relación ante las nuevas circunstancias que se presenten.

¿Cuál es la desventaja para las mujeres aquí? Que como somos nosotras las que tenemos el rol de cuidadoras, puede que no solo tengamos que cuidar a nuestros familiares, sino también a los de nuestras parejas.

¿Y qué significa esto? Que hoy en día hay muchas mujeres cuidando a los hijos de sus compañeros, o a sus suegros, y que se considera de lo más *normal* que las mujeres sacrifiquemos nuestra profesión, nuestro tiempo libre y nuestra salud para que el marido pueda seguir viviendo como un rey.

Esta es una de las grandes injusticias a las que se ven sometidas las mujeres en el matrimonio tradicional, porque si bien es cierto que la clase media contrata mujeres pobres o lleva a sus familiares a una residencia, la gran mayoría de las mujeres no tiene esa opción.

¿Qué ocurre cuando tus suegros no te han querido y no te han tratado bien? Que tienes que cuidarlos igualmente. ¿Y si los hijos de tu marido no te quieren? Pues lo mismo.

En España se emplearon 130 millones de horas diarias en 2018 en trabajo de cuidados no remunerado: una cifra que equivale a 16 millones de personas trabajando ocho horas al día sin percibir remuneración alguna, según el informe anual de desigualdad de Oxfam Intermón 2020. Muchas de ellas, además de no tener salario, ni permiso por enfermedad, ni días de descanso ni vacaciones, tampoco cotizan a la Seguridad Social ni recibirán pensión de jubilación. La mayoría son dependientes del proveedor principal de la familia.

¿Os imagináis las cifras en el resto del mundo?

Nuestras relaciones afectivas

A las mujeres nos han hecho creer que, cuando nos emparejamos, no necesitamos a nadie más. En la jerarquía afectiva del patriarcado, la pareja está en la cúspide y es en ella donde se supone que vamos a recibir todo el afecto y los cuidados que necesitamos.

Para muchas mujeres, su grupo de amigas y amigos en la adolescencia no es nada más que una plataforma para divertirse, viajar, hacer deporte, salir de fiesta y conocer chicos nuevos. Muchas creen que al conseguir pareja deben olvidarse de las amigas, y mantenerlas lejos para que no les quiten el novio. Otras ni tienen amigas, ni mucho menos amigos. Es más, viven encerradas: ni salen de fiesta, ni hacen deporte, ni viajan con nadie. En muchos países del mundo las mujeres jóvenes siguen viviendo como en el Imperio romano, confinadas, esperando a que aparezca un marido que le pida su mano al padre.

No es solo el machismo de la *ley del pater*, también es la violencia que existe en las calles. Pensad en países como México o El Salvador, donde es tan peligroso moverse en autobús o en taxi, o simplemente estar en la calle: cada año hay miles de mujeres desaparecidas que van a engrosar el tráfico de esclavas sexuales, y las cifras de violaciones y feminicidios son monstruosas.

Estos niveles de violencia obligan a niñas y adolescentes a vivir encerradas: solo se les permite salir para ir al colegio, y el resto del tiempo tienen que ir acompañadas: cuando salen a la compra o a la iglesia van con otras mujeres o varones de la familia. Su vida social queda limitada al grupo familiar, el más cercano y extenso, y a las celebraciones como bautizos, bodas, entierros, cumpleaños, aniversarios, visitas a familiares enfermos, Navidades y fechas señaladas como el Día del Padre o de la Madre.

Las que vivimos en los países más avanzados podemos mantener nuestras redes afectivas y sociales, pero a veces nos crean un enorme conflicto con nuestros compañeros.

En algunas parejas los hombres salen con las amigas de su novia; en otras, las chicas salen con los amigos de su novio; y otras parejas optan por salir por separado, cada cual con sus grupos de amigos. Algunos tienen la suerte de tener pandillas mixtas, y entonces es más fácil compaginar la pareja con las redes sociales y afectivas, pero lo cierto es que, en la realidad, somos las mujeres las que más renunciamos.

¿Por qué? Primero, porque las mujeres que crían y cuidan apenas tienen tiempo libre. Segundo, porque los hombres siempre han tenido tres espacios sagrados de socialización: el bar, el campo de fútbol y el puticlub. En ellos ven a sus amigos y conocidos, pero además tienen otros lugares propios en los que no entran las mujeres: comidas de negocios, monterías de caza, tardes en el campo de golf, o espacios en los que hacen deporte y se relacionan con sus camaradas de género.

Nosotras habitualmente nos relacionamos con otras mujeres y hombres en el trabajo. En gran parte de América Latina, Asia y África las mujeres hacen vida social en la iglesia (y las congregaciones religiosas) y en el mercado.

¿Qué ha cambiado desde que nuestras abuelas eran jóvenes hasta hoy? El acceso masivo de las mujeres a la universidad y a la formación profesional nos ha permitido ampliar nuestra red socioafectiva y conformar nuestras propias tribus, nuestros propios grupos familiares con gente con la que no tenemos parentesco.

Pese al poco tiempo que tenemos para disfrutar y cuidar nuestras redes, tratamos de repartir los días de ocio entre nuestra pareja, nuestra familia de sangre, nuestros grupos de amigos y amigas, y nuestra actividad social o política.

Además, mucha gente tiene también que dedicar tiempo a hacer relaciones públicas y a cuidar las relaciones determinadas por su profesión: amistades con gente del gremio que nos permiten conseguir trabajo y aumentar nuestros ingresos.

No es fácil precisamente por esta falta de tiempo, pero también porque muchas parejas rompen con sus redes y se aíslan en sus niditos de amor creyendo que no necesitan a nadie más para ser felices. Cuando termina la luna de miel, a muchas personas les resulta muy difícil rehacer esos vínculos. Y cuando se produce la separación, se quedan completamente solas y aisladas.

Otro gran problema a la hora de cuidar nuestras redes socioafectivas son los celos y el tema del poder. Hay parejas en las que uno de los dos miembros, o ambos, pretenden tener un control total sobre la otra persona, y en los casos más fuertes, pueden querer aislarlos de su gente querida.

La persona celosa puede llegar a ver a los demás como rivales, porque le cuesta compartir la atención, el cariño y los cuidados de su pareja con más gente. Por eso existen las guerras entre suegros y yernos, suegras y nueras, cuñadas y cuñados, y a veces lo sufren también, como hemos visto en las páginas anteriores, los hijos y las hijas.

No solo en el seno familiar se dan estas guerras por tener la atención y el control sobre la persona amada: también afectan a sus amistades y exparejas.

Estas guerras tienen que ver también con el espacio que ocupa cada cual en la vida de una persona. Pongamos un ejemplo: te enamoras de un chico que es hijo único y sigue en casa de su madre, que vive por y para él, sin más ocupaciones ni preocupaciones. Y al empezar la relación, tu chico se trae a tu madre a las citas, se la lleva a los viajes románticos y busca cualquier excusa para juntaros a las dos. Puede que ella sea amable contigo y la relación sea fácil, y puede que no: en cualquier caso, a nadie le apetece irse de escapada romántica con su suegra en plena fase de enamoramiento.

¿Y qué ocurre si os planteáis vivir juntos y tu suegra quiere ayudaros a decorar la casa?, ¿y si tenéis un bebé y decide instalarse en el hogar para ayudaros?, ¿qué posición toma tu chico si tienes un conflicto con ella? Puede que en algún momento te plantees que tú nunca elegiste una relación de tres, y te toque poner límites. ¿Te apetece realmente batallar contra una suegra enamorada de tu marido y sin vida propia?

Otro caso: te juntas con alguien que tiene una relación muy estrecha con su ex. Y sucede lo mismo que con la suegra: el ex o la ex ocupa mucho espacio en la vida de tu pareja, y tu pareja te deja muy claro desde el principio que esa relación especial no va a cambiar, que va a seguir dedicando el mismo tiempo que antes a esa persona, que forma parte de su familia y que, por tanto, no solo va a estar muy presente en su vida, sino también en la tuya.

La pregunta que puedes hacerte es: ¿puedo yo disfrutar en una relación con estas condiciones?, ¿será posible llevarme bien con su ex?, ¿cómo me voy a sentir con dos personas que se han amado y se siguen queriendo tanto, después de tantos años?, ¿voy a sentir celos, me los tendré que trabajar yo sola?, ¿es normal que una expareja tenga una presencia tan abrumadora en la vida de alguien?, ¿cómo me afecta a mí?

Sucede un poco lo mismo con los mejores amigos o las mejores amigas.

Muchos tendemos a pensar, cuando estamos en estas situaciones, que si hay guerra, lograremos llevar el asunto a nuestro terreno, y acabaremos ganando porque tenemos más poder, ya que somos "la novia" o "el novio". Creemos que la otra persona se irá apartando gradualmente hasta comprender cuál debe de ser el nivel de su presencia en la vida de una pareja. Pensamos que se irá dando cuenta de que ahora el centro de su vida eres tú, y que irá cediendo terreno para que tú lo ocupes, porque crees que legítimamente es tuyo.

Sin embargo, es importante preguntarse: ¿qué necesidad tengo yo de meterme en luchas que me van a quitar la paz mental?, ¿cuál es el coste de tener que batallar con posibles conflictos con personas a las que no conozco?, ¿cuánto tiempo y energía voy a gastar yo en ponerle límites a mi pareja y a la otra persona?, ¿cuál es el coste de no poner límites?, ¿me compensa a mí meterme en estos líos?, ¿no será mejor que este chico se quede con su madre, con su amigo, con su ex, etc.?

Pero ¿qué ocurre si eres tú la que te encuentras en medio? Imagina que llevas cuatro años sin tener pareja y haces toda tu vida con tu amiga, ¿qué ocurre cuando una de las dos se enamora y empieza una relación?, ¿cómo cuidar a tu amiga y a tu pareja a la vez?, ¿cómo repartir tu tiempo y reorganizar tu vida con la llegada de una nueva persona?

Por último, también hay que pensar mucho cómo nos vamos a organizar con el tiempo y los cuidados cuando tenemos una relación abierta. Hay parejas que no tienen jerarquías de ningún tipo y se dedican a sus amantes más o menos por igual, pero hay otras que tienen parejas estables u oficiales a las que dedican más tiempo que a las secundarias.

Este es uno de los mayores problemas que tienen las relaciones poliamorosas o las basadas en la anarquía relacional: tenemos poco tiempo para amar y cuidar, y los vínculos más fuertes se crean precisamente en este tejido espaciotemporal en el que nos cuidamos y vivimos experiencias hermosas.

No es lo mismo tener una relación en la que puedes verte tres o cuatro días al mes, que una en la que puedes verte cuando lo desees.

Vamos a darle la vuelta: eres tú la que tienes varias parejas, y tienes que organizar el espacio que le dedicas para que todas ellas se sientan cuidadas y tú puedas disfrutar también. Pero eso implica que no solo tienes que negociar con tu pareja principal, sino también con todas las demás, porque no puedes pedirle a nadie que acepte sin rechistar tus condiciones.

Si es tu pareja la que tiene varias relaciones, lo mismo: no tienes por qué aceptar el poco o mucho tiempo que te quiera ofrecer, ni puedes obligarle a que te ofrezca el tiempo que tú necesitas para ser feliz en una relación.

No es fácil llegar a acuerdos porque en este caso no es cosa de dos, sino de varias personas. En pleno enamoramiento es muy complicado permanecer en un segundo plano, y además no es justo tener que vivir de las migajas de amor que te dan las personas con poco tiempo libre. Tampoco es justo que le pidas a alguien que se conforme con poco, que se sacrifique por ti o que se adapte a tu estilo de vida.

La única forma de lidiar con este tema es hablarlo mucho, escuchar a tus parejas, intentar llegar a acuerdos y aceptar la situación cuando no es posible establecer pactos.

Un ejemplo de ello puede ser el siguiente: lleváis varios meses o años de relación abierta pero de pronto tú te has enamorado locamente y quieres estar con tu nueva pareja todo el tiempo, porque la química del amor te arrastra hacia ella de forma inevitable y sueñas constantemente con pasar esas noches de pasión interminables con ella. O con él.

¿Qué ocurre si no te apetece tener sexo con tu pareja principal?, ¿y si cuando estás con ella no puedes parar de pensar en la otra persona?, ¿qué haces si las dos protestan porque quieren mimos, tiempo y sexo por igual?, ¿cómo te sentirías tú si le pasara lo mismo a tu pareja?

Mucha honestidad, empatía, responsabilidad afectiva y solidaridad es lo que necesitamos para poder cuidarnos y cuidar a la gente con la que nos relacionamos... y no es nada fácil, la verdad.

Las pasiones

En nuestra sociedad se asume que cuando llega una pareja a tu vida, todo lo demás ha de quedar en segundo plano, es decir, has de desplazar tus afectos y cambiar tus rutinas para poder fusionarte con ella...

Ya nos hemos dado cuenta de que en realidad aislarte con tu pareja es una trampa: las mujeres, cuanto más solas estamos, más dependientes y vulnerables nos volvemos. Es mucho más fácil manejar tu poder cuando tienes mucha gente a tu alrededor que te quiere, y también es mucho más fácil romper una relación de maltrato cuando tienes una red afectiva sólida y amplia que te sostiene.

Al fin y al cabo, el aislamiento lo sufrimos sobre todo nosotras, como hemos visto más atrás: los hombres casados tienen más tiempo libre y más espacios de encuentro para disfrutar de su familia, de su gente querida y de sus amantes. Las mujeres, en cambio, tenemos mucho menos tiempo libre, porque dedicamos toneladas de horas a cuidar el hogar y nuestra estética.

Cuando somos madres, se acaba todo lo que tiene que ver con nuestras pasiones, especialmente los dos primeros años de vida de nuestros bebés. Las tareas de crianza y cuidados nos absorben toda la energía y el tiempo, incluso cuando contamos con compañeros corresponsables, comprometidos y solidarios: hace falta una tribu entera para criar a un solo bebé.

Este tema es importante porque además hay mujeres que no tienen pasiones, o cuya única pasión ha sido, durante años, el amor romántico y la familia feliz.

Quizás algún día disfrutaron jugando al fútbol o surfeando las olas, y tuvieron que dejarlos cuando les explicaron que esos son deportes de hombres, o cuando los hombres ocuparon sus espacios.

A los hombres no les gustan las mujeres futbolistas: les gustan las mujeres *futboleras*, es decir, las que se tragan miles de horas de partidos de fútbol frente al televisor mientras traen las cervezas fresquitas de la cocina. No es lo mismo ser la surfera que la *novia del surfero*. No es lo mismo juntarte a hablar con otras surferas, con las que compartes una pasión, que juntarte con las novias de los surferos, con las que es posible que no tengas mucho en común. Esta diferencia entre ser protagonista y ser espectadora es enorme, y también lo es tener tu propia pasión o adquirir la de tu pareja.

Las mujeres hemos invertido millones de horas en contemplar a los hombres mientras disfrutan de sus pasiones. Les hemos aplaudido, les hemos animado, les hemos acompañado en sus entrenamientos, en sus ensayos, en sus competiciones, y también les hemos seguido al estadio cuando ellos van a aplaudir a sus héroes masculinos.

Nos hemos muerto de frío en los campos de fútbol mientras ellos sudaban la camiseta, nos hemos quemado la piel con el sol mientras ellos surcaban los mares con sus tablas, nos hemos aburrido hasta el hastío mientras ellos se revolcaban en el suelo y se besaban y abrazaban con sus compañeros de equipo porque habían metido un gol...

¿Y a nosotras, quién nos aplaude?

¿Has visto algún grupo de hombres sentados viendo cómo sus chicas hacen deporte mientras hablan de lo mucho que las aman y lo mucho que las cuidan? No, ¿verdad? Es una imagen impensable que los hombres se queden sentados o tumbados sosteniendo conversaciones aburridísimas mientras sus chicas se divierten con sus pasiones.

También es impensable que una madre se vaya una semana de vacaciones con sus amigas a hacer senderismo a la montaña y deje a sus cuatro hijos con el papá, porque la sociedad entiende que los hombres sí pueden hacer sus escapadas, pero las mujeres no.

Y esta es una de las principales reivindicaciones del feminismo: que las mujeres tenemos derecho a disfrutar, a tener vacaciones, a desconectar, a dedicarnos a nuestras pasiones.

Nuestras pasiones no son algo secundario, ni son algo que debamos abandonar cuando nos hacemos mayores. Lo más importante es desmontar la idea de que la gran pasión de una mujer debe ser el amor romántico, y después, es esencial que defendamos a capa y espada el tiempo y el espacio que necesitamos para dedicarnos a cosas que nos hagan felices.

Cualquier actividad que nos permita desconectar de nuestras preocupaciones diarias y de nuestro presente, que nos permita concentrarnos en algo que nos gusta, que nos ayude a gozar y nos dé placer: nuestras pasiones no pueden ser secundarias, ni pueden ser abandonadas. Porque forman parte de nuestra vida y porque todas nosotras merecemos poder disfrutar de los pequeños y grandes placeres de la vida.

Todo esto suena muy lógico, pero la realidad es que no tenemos tiempo porque hemos de ocuparnos de las tareas que les corresponden a nuestras parejas para que ellos puedan disfrutar de la vida sin problemas.

Por eso ahora toca abordar uno de los puntos más peliagudos de las negociaciones de pareja: el derecho de ambos a disponer de la misma cantidad de tiempo libre.

Tiempo libre y cuidados

Los hombres modernos de hoy en día son esos que proclaman orgullosos que ellos "ayudan" a sus compañeras. Cuando lo hacen, lo que quieren decir es que comprenden que la carga con la que han nacido las mujeres es muy dura, y que ellos deciden ayudarlas porque son muy buenas personas.

A todos hay que explicarles que las mujeres no nacimos para servir, que no llegamos al mundo con un don para las tareas domésticas, y que nuestra función no es cuidar a los hombres ni trabajar gratis para ellos.

Según los datos de una encuesta realizada por Sigma Dos con motivo del Día Internacional de la Mujer en 2018, 1 de cada 3 hombres dejó de realizar tareas domésticas al empezar a convivir con una mujer, es decir, el 36% de los encuestados. ¿Es egoísmo?, ¿es machismo?, ¿es tener mucha cara dura?, ¿cómo es posible en pleno siglo XXI?

Creo que con estos datos se entiende lo importante que es para nosotras que los hombres se comprometan a renunciar al privilegio de tener criada gratis, y empiecen a asumir sus responsabilidades como personas adultas.

Negociar el reparto de las tareas domésticas y de cuidados nos ayudará a evitar que nuestra pareja intente abusar de nosotras. Cuando no hay negociación, muchos asumen que sus compañeras son felices siendo explotadas y que lo hacen por amor, felices y contentas.

Cuando hay negociación, en cambio, los hombres no se atreven a decirte a la cara: "Quiero que seas mi esclava". Pero sí es cierto que pueden plantearlo de formas más sutiles: "A mí se me da fatal limpiar el váter", "No me gusta ir a la compra porque me agobio", "Friego mal los platos", "Me mareo cuando me toca cocinar", "No soporto cambiar la arena con caca de los gatos", "No sé cuándo hay que cambiar las sábanas", "Me da asco limpiar vómitos", "Se me da fatal cambiar los pañales del bebé", "Soy incapaz de recoger las mierdas del perro", "Yo no veo los cristales tan sucios", etc.

Cuando empieces la negociación, observa si todo lo que tiene que ver con los fluidos y los desechos te toca a ti: la caca del bebé, los excrementos de los gatos y los perros, los vómitos de toda la familia, las diarreas, los mocos y las flemas, la sangre y el pus de las heridas y los quistes.

La mayoría de los hombres eligen las tareas más agradecidas, como cocinar, jugar con los críos o sacar a pasear al perro. Los váteres son siempre para nosotras, los hombres no se ponen de rodillas a limpiar. Párate a pensar, ¿a cuántos has visto en esa posición en tu vida?

A la hora de negociar, ninguna de nosotras ha de tener compasión por los hombres: que no se os olvide que viven desde hace siglos como reyes, y que no hemos nacido para ser sirvientas. En su ADN no hay ninguna condición genética que les impida ver la grasa que se acumula en los azulejos de la cocina, ni que les dificulte determinar cuándo es el momento de cambiar las sábanas o las toallas. No tienen ningún tipo de discapacidad para limpiar, para hacer una maleta, para doblar la ropa y meterla en su sitio, para organizar un cumpleaños, ni para vestir a la niña antes de ir al colegio.

Pueden hacerlo todo tan bien como una mujer: es cuestión primero de aprender, y luego de practicar, como cualquier arte.

No repartir las tareas equitativamente es abusar de la otra persona. Es maltrato, por lo tanto, y no es una exageración: no es justo que ellos tengan más tiempo libre que nosotras. Debido a la desigualdad, a los hombres no les queda otra que practicar el compañerismo, también a los que se declaran a favor de la igualdad y simpatizan con el feminismo.

Una de las cuestiones más importantes en las negociaciones es la carga mental: el trabajo de planificar, administrar y encargarse de las redes afectivas de la familia. Es un listado enorme: estar pendiente de las revisiones médicas de tus hijas, hijos y mascotas. Hacer las gestiones necesarias para celebrar el cumpleaños de tu madre o la cena de Nochebuena. Estar pendiente del rendimiento escolar de tus hijos, de las fiestas de disfraces del colegio, las reuniones con la tutora, los cumpleaños de los amigos y amigas de tus hijas. Planificar menús semanales sanos y equilibrados, organizar las vacaciones de invierno y de verano, encargarse de la burocracia con la administración y los bancos, administrar el dinero familiar de forma sensata para poder llegar a fin de mes...

Nosotras las mujeres asumimos esa carga mental como si fuera lo "natural" o lo "normal", pero ahora que demandamos tener el mismo tiempo libre que los hombres, el reparto ha de hacerse de manera justa e igualitaria.

Esto quizás nos lleve varias horas de conversaciones sobre qué es trabajo y qué no lo es, y cómo se debe distribuir. Pero es muy importante que no cedamos ni un ápice, porque nuestro tiempo y nuestra energía son recursos limitados y no renovables, y valen tanto como los de ellos.

¿Qué ocurre cuando tu pareja quiere hacer un máster, estudiar un doctorado, mejorar sus idiomas o presentarse a una oposición para trabajar para el Estado? Generalmente las mujeres hemos apoyado a los hombres porque el argumento patriarcal ha sido siempre que si ellos ascienden laboralmente o mejoran sus ingresos, a nosotras nos va a ir mejor. Y por supuesto, no es cierto, porque podemos separarnos en cualquier momento. Aunque creamos que lo nuestro es eterno, la realidad es que la vida da muchas vueltas y el amor no es para siempre.

No podemos vivir de la ilusión romántica: necesitamos autonomía económica, y no podemos poner en un segundo o tercer plano nuestra carrera profesional, ni posponerla indefinidamente. Tiene que haber un equilibrio entre lo que damos y lo que recibimos: no podemos sacrificarnos sin más porque llevamos siglos haciéndolo, y no podemos seguir apoyando a los hombres sin recibir apoyo de su parte.

Lo justo sería llegar a un acuerdo para que haya reciprocidad, es decir, ver la manera en que la otra persona nos va a compensar si se libra de las tareas domésticas para poder entregarse al estudio o a cualquier proyecto personal.

Una de las soluciones que nos ofrece el patriarcado moderno es explotar a mujeres pobres para que asuman nuestras obligaciones, limpien nuestra suciedad y cuiden a nuestros niños y niñas. Pero desde mi perspectiva feminista, esta solución no es viable: no es justo que otras mujeres tengan que hacer lo que no hace tu marido y lo que no te apetece hacer a ti, porque lo hacen en condiciones de miseria.

Normalmente, las mujeres que se dedican al trabajo doméstico no cotizan a la Seguridad Social; no poseen derechos laborales de ningún tipo, ni contrato, ni vacaciones pagadas ni jubilación, y sus salarios son indignos.

No es justo que para que nosotras podamos dejar de pelear con el rey, nos convirtamos en reinas y traslademos la explotación de nuestros cuerpos a los cuerpos de mujeres más pobres, inmigrantes o sin papeles.

La única forma de compaginar la vida laboral con los cuidados, desde mi perspectiva, es trabajar menos horas, cobrar más y repartirnos las tareas entre todos los miembros de la comunidad familiar.

Pero claro, el sistema entero tiene que cambiar para que la gente pueda dedicarse a cuidar de sus hogares y su gente querida: solo conseguiremos esta transformación cuando pongamos en el centro de la vida los cuidados, cuando tengamos tiempo para cuidar y cuando podamos tener ingresos básicos garantizados.

Nos toca, entonces, hablar de las negociaciones en torno al dinero. Vamos allá.

El dinero

Para sentarnos a negociar el reparto de los gastos, hay que tener en cuenta no solo los ingresos que tenemos cada uno, sino también la estabilidad laboral, las condiciones de trabajo, la posibilidad de que nos echen o nos bajen de puesto cuando nos quedemos embarazadas (si decidimos en un futuro tener descendencia, es importante contar con los castigos y penalizaciones que sufrimos las mujeres en todo el mundo por la maternidad).

Cada cual encuentra la manera de organizarse económicamente, pero poca gente tiene en cuenta a la hora de negociar que en todo el planeta existe una brecha salarial del 25%, que nosotras sufrimos niveles más altos de desempleo, trabajo temporal y precariedad, y que tenemos un *suelo pegajoso* y un *techo de cristal* que nos impiden mejorar nuestras condiciones de trabajo.

Además, está la doble jornada laboral, que destroza completamente el mito de la conciliación: la única manera de ser buena madre, buena trabajadora, buena esposa y buena en todo es no dormir. Y estoy segura de que, en las parejas con hijos, los que menos duermen no son los hombres.

En las negociaciones es importante tener en cuenta también las deudas y las cargas familiares de cada uno: ¿qué ocurre si estamos ayudando económicamente a gente querida, cómo afecta esto a mi relación?

También tenemos que negociar cuando uno de los dos nos quedamos sin ingresos, o sufrimos crisis en nuestros proyectos profesionales o empresariales. Es el momento en que necesitamos toda la empatía y la solidaridad del mundo para apoyar a nuestro compañero o compañera, pero tenemos que tener también muy claro cuáles son los límites, para que no haya abuso.

Las mujeres sufrimos "violencia económica" cuando nos vemos obligadas a mantener a un hombre que no tiene ingresos durante mucho tiempo. O cuando nos vemos sometidas a un control de gasto por parte de ese mismo hombre, aunque el dinero sea nuestro. Hay mujeres que piden hipotecas y créditos para los proyectos de sus maridos y que quedan endeudadas de por vida cuando estos mueren o las abandonan. Otras que sostienen adicciones al juego, al alcohol, a las drogas, y que costean los altos niveles de vida de su esposo y sus amantes.

Hay mujeres que son obligadas a trabajar y no pueden disponer libremente de su dinero porque sus padres o maridos lo manejan a su antojo, hay hombres que explotan a sus hijas para vivir una vida de millonarios: lo hemos visto con Britney Spears, pero también con muchas famosas que fueron esclavizadas por sus padres, sus maridos o su mánager, desde Pepa Flores hasta Sara Montiel, Tina Turner, Rihanna o Beyoncé.

Así que, ante la violencia económica, necesitamos defendernos y negociar muy bien los términos de la economía familiar, de manera que el reparto de gastos sea justo y proporcional a los ingresos que tenemos. Y que además contemple la situación del mercado laboral en la que nos encontramos.

La separación

Suena muy raro tener que negociar las condiciones en las que nos queremos separar, sobre todo cuando estamos enamoradas hasta las cejas y creemos firmemente que nuestro amor va a durar toda la vida. Pero tenemos que ser prácticas y realistas: no podemos vivir como si el amor fuera a durar para siempre.

Las negociaciones en este ámbito son esenciales porque cuando a uno de los dos se le acaba el amor, o cuando hay infidelidades o se dan puntos de inflexión que rompen el vínculo sin posibilidad de repararlo, sufrimos estados emocionales muy intensos, y a veces, extremos.

Si estás cegada por la ira, la frustración, la impotencia o la rabia, te va a costar mucho portarte bien con tu pareja.

Y a los hombres les cuesta todavía más, porque cuando están desbordados emocionalmente no saben pedir ayuda ni tienen herramientas para cuidar sus emociones de manera que no arrasen con ellos mismos o con los demás.

Cuando esto sucede, y no podemos ni sentarnos a hablar, lo mejor que podemos hacer es sacar el papel en el que firmamos las negociaciones sobre cómo separarnos, y pedir ayuda a alguien que actúe de mediador si no es posible el diálogo.

En estas negociaciones no solo hay que tener en cuenta las cuestiones económicas y logísticas, el reparto de los bienes y la custodia de los críos, sino también cómo vamos a cuidarnos durante todo el proceso.

CAPÍTULO 2
CÓMO USAR TU PODER PARA NEGOCIAR

Ya hemos visto que las mujeres y los hombres no podemos negociar en condiciones de igualdad y libertad, porque las mujeres no somos libres ni somos iguales, y nuestro poder es limitado. Es limitado, pero no olvidemos que todos los grupos dominados, colonizados, conquistados y sometidos generan estrategias de lucha y de resistencia contra el grupo dominante. Y que todos sus miembros sueñan con poder liberarse del poder tiránico que los oprime y los explota.

Y, además, a veces lo consiguen.

El feminismo es el movimiento de liberación de las mujeres, y una de las cuestiones principales con las que trabajamos es el tema del poder y la estructura de la dominación y la sumisión. Nuestra idea no es ejercer el poder patriarcal como lo hacen los hombres, sino transformar nuestra forma de ejercer el poder y usarlo para el bien común.

En este capítulo vamos a comprender en qué consiste el poder patriarcal, cómo lo ejercen las mujeres y los hombres. Y también vamos a pensar en cómo defendernos del abuso y la explotación, y cómo podríamos aprender a construir relaciones igualitarias, libres de violencia y sufrimiento.

¿QUÉ ES EL PATRIARCADO?

El patriarcado es una ideología que impregna nuestra sociedad, nuestras leyes, nuestra economía, nuestras instituciones, nuestras creaciones, nuestra educación, nuestras emociones y nuestras relaciones.

Bajo esta ideología, los hombres construyen su masculinidad rechazando la feminidad: para sentirse superiores, lo primero que hace un grupo es justificar la dominación haciendo creer a todo el mundo que el otro grupo es inferior. Lo hicimos primero con los animales: si al principio teníamos conciencia de que éramos una especie más dentro del reino animal, y convivíamos en paz con ellos, cuando empezó el patriarcado empezamos a ocupar sus territorios, a destrozar sus hábitats naturales, a domesticar a los que nos servían, y a explotarlos de una forma cruel e inmisericorde.

Para poder ejercer tal grado de abuso y violencia, los hombres patriarcales nos hicieron creer que éramos superiores a ellos y que teníamos derecho a explotarlos laboral, sexual y reproductivamente. Al tratarlos como mercancía, legitimaron el negocio de explotar sus cuerpos y su fuerza de trabajo.

Hoy en día seguimos educando así a nuestros niños y niñas: desde que son muy pequeños les enseñamos a divertirse viendo animales encerrados de por vida en espacios muy pequeños, y a disfrutar con la tortura animal: tauromaquia, peleas de gallos, peleas de perros, etc.

El maltrato hacia los animales forma parte de nuestra cotidianidad, y aunque en muchos países la tortura hacia ellos tiene penas de cárcel, lo cierto es que ni en las escuelas ni en los medios de comunicación nos están educando para que nos liberemos del androcentrismo y el especismo. Así es como evitan que nos demos cuenta de que todos nosotros somos parte del mismo planeta.

El patriarcado nos hizo creer que los seres inferiores no tenían alma y por eso podíamos utilizarlos y maltratarlos sin problema. Después de los animales, nos tocó el turno a las mujeres. La Iglesia católica estuvo discutiendo sobre si las mujeres teníamos o no alma hasta el siglo XVI: el 1 de diciembre de 1563, tras largas discusiones teológicas y por un voto, el Concilio de Trento decretó que la mujer poseía alma.

A pesar de ello, el sistema patriarcal ha seguido comerciando con nuestros cuerpos y nuestros bebés como si fuéramos mercancía. En todos los países del mundo, en todas las ciudades y en muchos pueblos hay centros de alquiler de mujeres y niñas de todas las nacionalidades al alcance de todos los bolsillos. Sí, esos burdeles cuyos aparcamientos están llenos a rebosar los días de diario, los fines de semana, los 365 días del año.

Para el patriarcado, todas las mujeres somos prostitutas: lo único que nos diferencia es si servimos a un hombre o servimos a varios. Las que solo sirven a un hombre son las esposas y madres abnegadas, y las que sirven a varios ocupan el escalón más bajo de nuestra pirámide social.

¿Cómo lograron que las mujeres se convirtieran en sirvientas de los hombres? El patriarcado utilizó dos métodos: someternos a la dependencia económica y a la dependencia emocional.

Primero privatizaron la tierra y los animales, y luego nos encerraron en casa para que los hombres pudiesen asegurarse de que su descendencia era suya y que su patrimonio pasaría a seres de su misma sangre. Las esposas e hijas encerradas perdieron la autonomía económica y pasaron a depender de sus maridos. Los hombres acapararon todo: las tierras, las semillas, los animales, los gremios profesionales y el poder político, militar, legislativo y religioso.

Después se inventaron el amor romántico para asegurarse la dependencia emocional de todas las mujeres: nos hicieron creer que todas somos una "mitad" y que no estamos completas hasta que encontramos a nuestra otra parte. Nos hicieron creer que nacimos para amar, para cuidar y para servir, con la falsa promesa de que cuanto más nos entregáramos al amor, antes llegaríamos al paraíso romántico.

Nos metieron la droga en vena, nos hicieron adictas y nos transmitieron todos los mitos, los roles y los mandatos de género a través de diferentes relatos.

Nos hicieron creer que sufrir en el amor es inevitable. Y que amar es aguantar, soportar, ceder, renunciar y vivir de rodillas frente a un hombre. Nos pusieron a todas de rodillas frente al señor Dios, y demás dioses: el padre, el marido, el cura, el médico, el patrón. Hasta hoy.

EL PODER PATRIARCAL

Nuestra forma de organizarnos es piramidal: arriba unos pocos, abajo las grandes mayorías. Todos ocupamos una posición determinada en una jerarquía en la que tenemos gente arriba y abajo. En la cúspide de la pirámide están los pocos hombres blancos y occidentales que acumulan el 80% de la riqueza en el mundo, y abajo del todo, la masa de mujeres pobres que viven por debajo de los hombres más pobres del planeta.

En el escalón más bajo está la anciana lesbiana negra o indígena, pobre y del mundo rural, discapacitada o enferma. Ahí habitan las invisibles, las nadie, las innombrables, las que no existen.

En cualquiera de las posiciones que ocupamos en este sistema de jerarquías ejercemos nuestro poder para defendernos y evitar que abusen de nosotros, pero también para abusar de los demás. Cada uno de nosotros tiene sus intereses, sus necesidades, sus apetencias, sus proyectos, su visión de mundo, y al interaccionar con los de los demás, casi siempre chocan entre sí.

Desde que nacemos vivimos inmersos en luchas de poder. Ya desde bebés tenemos que utilizar estrategias para pedir amor, alimento, calor, que nos cambien el pañal, que nos quiten el miedo, que nos presten atención. Algunos adultos desprecian esta capacidad para manipular que tienen los bebés, porque sienten que son *pequeños tiranos* que tienen que sufrir y pasarlo mal para aprender a sobrevivir.

Por eso se insiste tanto en que los niños tienen que ser disciplinados y mutilados para que crezcan y no sean malcriados (niños que reciben "demasiado" amor), que no se rebelen cuando reciben órdenes, que se conformen con lo que hay, que no se acostumbren a los abrazos, al amor y a las caricias, que se callen y no hagan ruido, que no lloren, que no den la lata.

Por eso los niños que no lloran y no piden cosas son "buenos", y a los niños que se comunican y se expresan para conseguir lo que necesitan se les llama "malos". Un bebé es malo si llora porque desde la adultocracia nos creemos que su objetivo en la vida es fastidiar a sus cuidadores. Hay gente a la que ni se le pasa por la cabeza que lo hacen para comunicar que se sienten mal o necesitan algo. Por eso, aún hoy, en muchos países del mundo hay padres y madres que no les atienden ni les consuelan: "Es que le viene bien para ensanchar pulmones", que en realidad quiere decir: "Que se fastidie y se acostumbre, que la vida es dura".

También los animales están sometidos a la crueldad de los seres humanos adultos: ellos son los más débiles, los que soportan patadas, malos tratos, hambre y sed, dolor, soledad obligada. Destrozamos su hábitat natural para construir hidroeléctricas o minas, para extraer petróleo, para obtener materia prima de los bosques y las selvas. Los secuestramos, los domesticamos, los exhibimos, los compramos, los vendemos, los regalamos, los explotamos para que trabajen para nosotros, los ponemos a pelear a muerte para divertirnos, los explotamos reproductivamente para ganar dinero con sus crías, los abandonamos en cualquier sitio cuando nos aburrimos, o los mandamos a dormir cuando molestan mucho, y no nos sentimos culpables porque seguimos creyendo que los animales son "cosas", propiedades con las que puedes hacer lo que quieras porque su vida no vale nada.

No solo maltratamos a los demás seres vivos: también nos maltratamos entre nosotros y nosotras.

En gran parte es un tema de ego. Nos encanta tener la razón, ganar todas las batallas y demostrar nuestra fuerza y habilidades para obtener lo que deseamos. Nos encanta que nos admiren, nos teman y nos obedezcan. Nos encanta que nos idolatren, que nos rindan pleitesía, que nos aplaudan y nos idealicen.

Pero también es un problema de acumulación. Admiramos a gente que se dedica a acaparar recursos y riqueza, a despilfarrar el dinero, a exhibirse para desatar la envidia de los demás. Los más poderosos del planeta son gente egoísta e insolidaria, y son incapaces de pensar en el bien común.

Los demás somos igual que ellos, solo que no somos ricos. Si lo fuéramos, la gran mayoría haría lo mismo: dedicarse a una vida de lujos y consumo desenfrenado mientras la mitad del planeta pasa hambre, y dar limosnas para calmar nuestra conciencia.

Somos gente hermosa y terrible que no sabe usar su poder en beneficio de la sociedad, y vivimos en permanente estado de guerra: masacramos poblaciones enteras con bombas, peleamos dentro de nuestra familia y nuestra comunidad, y además nos hacemos la guerra a nosotros mismos, y a nosotras mismas.

Estas luchas de poder nos quitan la mayor parte del tiempo y las energías que tenemos. Hacemos la guerra entre familiares, compañeros del cole y del trabajo, y por supuesto, con la pareja. También batallamos contra el vecino que pone la música muy alta un sábado a las siete de la mañana, contra el policía que quiere multarte, contra el teleoperador de la empresa de telefonía de la cual quieres darte de baja, contra el banco que te ha cobrado de más, contra el casero que no te arregla una gotera...

Batallas con tu abuela porque no le da la gana tomarse la pastilla de la tensión, contra tu hija porque no ha hecho los deberes, contra tu madre porque le ha dado chocolate a tu hijo y estaba castigado, contra tu jefa porque llevas un año pidiéndole un aumento de sueldo, contra tu hermana porque insiste en meter a la abuela a una residencia, contra tu compañero de trabajo que te tiene envidia y está siempre criticándote, contra tu marido porque se pasa toda la tarde en el gimnasio y llega con la mesa puesta a la cena, contra tu ex porque quiere llevarse a la niña en Nochebuena, contra tu suegra porque les pone la televisión a los niños miles de horas...

A veces ganamos nosotras las luchas de poder, otras ganan los demás. Unos utilizan el juego sucio, y otros batallan con las mínimas dosis de ética, empatía, generosidad y solidaridad que se requiere para que las relaciones funcionen.

No nos resulta fácil negociar para que nadie pierda, porque desde la infancia nos enseñan a relacionarnos en la competición constante para ver quién saca mejores notas, quién es más listo, quién corre más, quién mete más goles, quién es más guapo, quién es más valiente, quién es más *sexy*, quién es más poderoso y quién gana más premios.

Es fácil verlo en los colegios: las posiciones más altas de cualquier grupo siempre están ocupadas por dos o tres personas, da igual que tengan 9 años: a esas edades ya tienen muy claras las jerarquías.

LAS LUCHAS DE PODER EN LA PAREJA

La pareja es una de las relaciones más difíciles porque las mujeres tragamos y aguantamos mucho "por amor" y no tenemos habilidades sociales para la negociación, dado que nos quieren *calladitas más bonitas*.

Así que tenemos que aprender a usar nuestro poder para pactar las condiciones de nuestro contrato amoroso. Es fundamental que en los acuerdos haya un equilibrio en las cesiones que hacemos y que ambos miembros estén contentos con las normas acordadas. Todo va bien cuando ambos coincidimos en el tipo de relación que queremos (pareja de amor tradicional y oficial, amigos con derecho a roce, amantes clandestinos, etc.), pero si uno quiere una cosa y la otra persona quiere otra, empiezan los problemas.

El principal problema que tenemos, en realidad, es la forma en que negociamos: cuando nos enamoramos, sufrimos una especie de enajenación mental transitoria que nos impide pensar con claridad. No solo porque estamos gozando la borrachera del enamoramiento, sino porque hemos interiorizado muchos de los mitos que nos hacen creer que el amor es perfecto, eterno y maravilloso. La conjunción de la química y el mito tiene un poder brutal sobre nuestra psique y emociones.

A muchas mujeres nos han vendido el mito en formato posmoderno: nos han hecho creer que el amor romántico nos hará iguales a los hombres, que gracias al amor viviremos en armonía, que estaremos los dos en el mismo nivel, nos amaremos con la misma intensidad y al mismo ritmo, nos acoplaremos a la perfección, tendremos los mismos intereses y necesidades, y trabajaremos en equipo para ser felices.

La realidad es justo todo lo contrario: quererse bien es muy difícil; primero, porque no existen las condiciones estructurales para ello, y segundo, porque no tenemos herramientas para hacerlo.

Aun así, muchas mujeres nos empeñamos en que funcione lo que no funciona: si fuéramos prácticas podríamos tomar decisiones sensatas. Por ejemplo, cuando la otra persona no se enamora de ti, o no quiere el mismo tipo de relación, o te pone barreras porque no sabe disfrutar del amor. Puede que le dé pereza comprometerse, o que sea un mutilado emocional, o que no le apetezca una relación a largo plazo... ahí sabemos que lo mejor es dejarlo.

Pero en vez de dejarlo, nos metemos en luchas de poder con la otra persona para que nos ame como queremos, para que cambie su forma de ser y de comportarse, para que no nos mienta, para que se porte bien con nosotras.

Y ahí se nos va tanto tiempo y energía... Es la forma que tiene el patriarcado de mantenernos entretenidas, por eso en las historias de amor nos bombardean con la idea de que *el que la sigue la consigue*, y que *el amor lo puede todo*.

Nos han dicho que "hay que luchar por el amor", pero no nos han dicho cuál es el coste que pagamos, especialmente cuando el compañero no lucha y nos toca a nosotras sostener la relación. El precio es demasiado alto: muchas mujeres pierden la salud mental cada día intentando cambiar a su amado e intentando vivir su sueño romántico.

Este empeño en que una relación funcione es una lucha de poder, y tiene que ver con el ego. El ego no se rinde nunca, no se sacia nunca, no acepta las derrotas, siempre quiere llevar la razón y siempre quiere imponer su voluntad. Parece mentira, pero esta es una de las razones por las que, en vez de dejar a un tipo que no nos quiere, nos dedicamos a exigirle que nos cuide y que nos corresponda, y nos empeñamos en que cambie para que se adapte a nuestro modelo de pareja ideal.

¿QUÉ ARMAS TENEMOS LAS MUJERES?

Las mujeres hemos sido educadas para someter al amado con nuestras artes de seducción y desde el victimismo, que es una forma de ejercer el poder desde la sumisión. Cuando nos hacemos las víctimas, intentamos responsabilizar al otro de nuestro bienestar y nuestra felicidad: le hacemos creer que no podemos cuidarnos a nosotras mismas y que su deber es llenar nuestros vacíos y carencias. Y si no lo hace, le acusamos de ser mala persona y le hacemos sentir culpable.

Igual que nosotras sufrimos la tiranía de la culpa, también la utilizamos para que nuestro compañero cubra nuestras necesidades y anhelos, y para que se ocupe de nosotras.

Pero en realidad, es una forma de chantaje emocional que usamos para ganar nuestra lucha de poder. Porque el amor ni se exige ni se mendiga: si no nos quieren bien, nuestra responsabilidad consiste en abandonar esa relación.

Podemos plantearlo una o dos veces en las negociaciones: "Necesito que me cuides y quisiera que lo hicieras así o asá". Pero no puede ser una constante en las conversaciones: si no te cuida, es simplemente que no te quiere, y entonces no hay nada más que negociar.

¿QUÉ ARMAS TIENEN LOS HOMBRES?

Ellos van al amor con su casco, su escudo, su armadura y su espada. Los hombres han sido educados para someter a la amada utilizando sus encantos y su poder patriarcal, su capacidad para dominar e imponerse, su dinero, su fuerza física y su violencia.

Así es bien complicado relacionarse desde el compañerismo, porque casi todas nuestras relaciones están basadas en la guerra y en la estructura hegeliana del amo y el esclavo. Unos mandan, otros obedecen; unos dominan, otros quedan sometidos.

Sin embargo, si miramos más allá de la pareja, nos daremos cuenta de que, dependiendo de la persona con la que nos estemos relacionando, ocupamos una posición u otra: mandamos u obedecemos, damos o recibimos, imponemos o acatamos normas... Vamos alternando según el contexto y la gente con la que interaccionamos. Es decir, podemos ser a la vez víctimas y victimarios.

No solo establecemos luchas de poder en las relaciones tradicionales, también en las relaciones igualitarias; pero hay parejas que consiguen sacarlas a la luz, que hablan de ellas, que bromean con ellas, que se las trabajan.

La mayor parte de las parejas, sin embargo, no logran hablar de sus conflictos y reflexionar sobre ellos. Simplemente se enfocan en lograr lo que cada cual necesita utilizando los medios que hagan falta.

Y en esto se basa un poco la dinámica de nuestra sociedad: en competir, en explotarnos los unos a los otros, en guerrear. Podríamos cambiar esta estructura fácilmente organizando nuestra economía en redes de cooperación y apoyo mutuo, pero vivimos en una sociedad hiperindividualista repleta de miembros acaparadores que solo piensan en su propio bienestar.

Mientras sigamos dentro de las estructuras de la jerarquía patriarcal y capitalista, unos estarán arriba y otros abajo, alternando posiciones según el momento del día: en el lapso de 24 horas podemos ser empleados sometidos al jefe, reyes absolutos en nuestro hogar, podemos ser los presidentes de la comunidad de vecinos y, al mismo tiempo, estar sujetos al poder de un padre tiránico.

¿CÓMO USAS TU PODER?

Cuando empiezas a hacer autocrítica amorosa para reflexionar en torno a tu forma de relacionarte con tu poder y el poder de los demás, puedes hacerte algunas de estas preguntas:

- ¿Cómo usas tu poder?
- ¿Cómo consigues lo que quieres / deseas / necesitas de los demás?
- ¿Cómo te sientes cuando no lo logras?

- ¿Cuáles son tus estrategias para persuadir a tu gente conocida? ¿Y a la desconocida?
- ¿Te impones siempre, cedes mucho, o sientes que hay un equilibrio entre tus intereses y los de los demás?
- ¿Ejerces el poder desde la dominación o la sumisión?
- ¿Quién te domina / explota / oprime y a quiénes oprimes y explotas tú?
- ¿Cómo usas tu poder en tus relaciones de pareja?
- ¿Cómo te lo trabajas?

En este capítulo vamos a reflexionar sobre cómo usamos nuestro poder, cómo lo regalamos, cómo lo ocultamos, cómo lo ejercemos sobre los demás, cómo nos posicionamos en la jerarquía del patriarcado y el capitalismo, y cómo podríamos cambiar el concepto de poder para transformar el mundo que habitamos.

Y vamos a profundizar en el cómo: además de ser asertivas, necesitamos entrenar también en el arte de la no violencia. La no violencia implica una posición pacifista ante la vida, pero además es una forma de ser, de estar y de relacionarte con los demás en la que intentas resolver tus conflictos sin violencia, y conseguir lo que necesitas sin hacer sufrir a nadie.

Es una forma de usar tu poder que te permite no abusar y no dañar a los demás, ni en las buenas, ni en las malas. De la misma manera, tendremos que desarrollar estrategias de autodefensa emocional para no permitir que abusen de nosotras, que nos traten mal o que nos machaquen emocional y psicológicamente.

ESTRATEGIAS QUE UTILIZAMOS PARA TENER EL PODER

Algunas de las estrategias que utilizamos para conseguir de los demás lo que necesitamos / deseamos / queremos son:

- *Seducción*: utilizar tus encantos para despertar su deseo. Pedir las cosas con una sonrisa, con amabilidad, con alegría. Hacer reír a la otra persona, hacerle sentir especial. Por ejemplo: que se enamoren de ti, que te den ese juguete que tanto te gusta, que te hagan mimos, que te den de comer, que te hagan regalos, que te dejen salir de fiesta con tus amigas en la adolescencia, que te suban el sueldo, que te pidan una cita, que te concedan una beca para poder estudiar, que te den ese puesto de trabajo, que te firmen ese papel, que te perdonen una infracción... Suele funcionar cuantos más encantos desplegamos.

- *Inacción*: no hacer nada cuando se te pide que hagas algo, que cambies algo, que des algo. Por ejemplo: cuando te piden un favor y tú dices que sí sabiendo que no vas a hacerlo. O hacer esperar a alguien a ver si se harta o se le olvida, o renuncia a sus propósitos. O no contestar cuando se dirigen a ti haciendo como que no te das por aludido. O prometer que vas a cambiar y seguir siempre haciendo lo mismo.
- *Coacción*: obligar a la otra persona o chantajearla. Por ejemplo, presionar e intimidar a alguien para que deje de hablar con su ex, para que te preste dinero, para que te conceda una cita, para quedarte con más dinero de una herencia, para que recoja su habitación, para que tenga sexo contigo, para que se enemiste con su familia, para que te diga en todo momento donde está y qué está haciendo. Es una estrategia autoritaria y hasta tiránica, donde las amenazas y los puntos débiles de la otra persona se utilizan para conseguir lo que queremos de ella.
- *Manipulación perversa*: engañar, mentir, machacar la autoestima, confundir a la otra persona para que cambie de opinión, para controlarla, para someterla, para manejarla según te convenga. Por ejemplo: amigas que quieren enemistarte con otra amiga y utilizan mentiras para hacerte creer que ella no te quiere y habla mal de ti. O contar una historia con partes inventadas para que los demás se compadezcan de ti y culpabilicen a la otra persona.
- *Victimismo*: chantajear emocionalmente, amenazar, arrojar toneladas de reproches y acusaciones, montar tragedias y dramas para hacer sentir culpable, o hacer que la otra persona se sienta mal porque no te da lo que tú necesitas. Es el arte de dominación que se ejerce desde la sumisión: el victimista quiere dar pena y se exime de toda responsabilidad sobre sus actos y

sus sentimientos para que tú te sientas responsable de su bienestar, de su salud y de su felicidad. En los casos más extremos los victimistas se autolesionan y amenazan repetidas veces con "suicidarse". Son violentos y egoístas, pero con sus llantos y dramas se colocan en la posición del ser débil que necesita protección, mimos, cuidados, recursos y lo que haga falta. Lloran, reprochan y patalean para que tú no les lleves la contraria, para que les quieras a su voluntad, para que estés siempre atenta a sus necesidades y apetencias.
- *Negociación*: utilizar la asertividad para comunicar lo que queremos o lo que necesitamos. Hablamos desde nosotras mismas, de cómo nos sentimos, de cómo vemos la situación, sin utilizar el juego sucio: ni chantajes, ni mentiras ni amenazas, sin meter miedo ni tratar de dominar al otro con estrategias ocultas. Se trata de parar la disputa para sentarse a hablar evitando la manipulación. Es una conversación que se realiza en horizontal, de tú a tú, con el corazón abierto y en estado de escucha activa y afectiva. Cuando logramos hablar así, escuchando amorosamente, hablando con sinceridad y cuidando a la otra persona sin dejar de cuidarnos a nosotras mismas, entonces es posible pactar, ceder en algunas cosas, que la otra persona ceda en otras, que nadie salga perjudicado y que ambas personas queden contentas con los acuerdos alcanzados.

No todas las estrategias valen: no las que se utilizan para engañar, coaccionar, manipular a los demás. No las que hacen daño, ni las que se hacen con afán vengativo o destructivo.

Vivimos en un mundo violento porque la mayor parte de nosotros solo sabe ejercer su poder utilizando la violencia física, emocional, sexual, psicológica o económica. Nos cuesta mucho verlo porque todos nos creemos buenas personas, que llevamos la razón, que nos merecemos lo que obtenemos en nuestras luchas de poder. Y no solemos pararnos a pensar si realmente estamos siendo honestos o si estamos haciendo daño a los demás.

Y esta es la clave para pensar la ética del poder: ¿cómo podríamos ejercerlo sin violencia y contribuyendo al bien común?

EL PODER DE LAS MUJERES

Nosotras no somos propietarias de las grandes fortunas, de las tierras del planeta, de los medios de producción y comunicación.

Nos han borrado de los libros de historia, no se habla de nosotras en los libros de texto: cuando hemos tenido poder nos han invisibilizado en todas partes.

¿Dónde ejercemos nosotras, entonces, el poder? En el ámbito doméstico, principalmente, y en nuestras redes sociales y afectivas. Es en estos espacios en los que podemos utilizar nuestro poder para que nosotras y las personas de nuestro entorno vivan mejor. También es el espacio en el que podemos acumular poder y hacer sufrir a la gente que tenemos cerca.

En la cultura patriarcal nos enseñan a ejercer el poder a través de nuestros encantos y nuestro erotismo, por eso las mujeres nos sometemos a la tiranía de la belleza y gastamos toneladas de tiempo, de energía y de recursos en ponernos guapas, estar a la moda y resultar atractivas para los hombres.

En un mundo que no nos pertenece, y en el que cobramos menos salario que los hombres y nos tratan peor que a ellos, nos ofrecen la posibilidad de explotar nuestros encantos femeninos para conseguir marido, trabajo, recursos o posición social.

Además, nos ponen a competir y a rivalizar entre nosotras para seducir y enamorar a los hombres, de manera que usamos nuestro poder para hundir a las "enemigas" y a las posibles enemigas, creyendo que en esta guerra del amor, entre nosotras vale todo.

Y no, no vale todo.

No vale tratar mal a una ex de tu pareja, ni tratar de seducir a tu ex cuando ha rehecho su vida, ni ser cómplice de un hombre infiel que obliga a su pareja a vivir en monogamia mientras se divierte contigo.

No está bien ver al marido de tu amiga en Tinder y no contarle nada, o dejar que otras mujeres vivan en la ignorancia cuando todo el mundo sabe que su marido la obliga a ser fiel sin serlo él.

No deberíamos ser cómplices de los machos que, para dominar a sus parejas, les hacen sentir inseguras y las manipulan tratando de despertar sus celos. Ni competir por el afecto de un macho poliamoroso que nos junta a todas en el mismo espacio para sentirse poderoso. Ni buscar la amistad de una pareja solo porque te gusta uno de los dos y quieres aprovechar la "amistad" para estar cerca de esa persona.

Las mujeres necesitamos información para combatir el autoengaño y la estafa romántica, y para poder tomar decisiones que nos liberen de relaciones basadas en la desigualdad y la explotación.

Y tenemos que practicar la sororidad, que consiste, en palabras de Marcela Lagarde, en una forma cómplice de actuar entre mujeres, un hermanamiento que nos permita cuidarnos unas a otras y establecer alianzas políticas para hacer frente al patriarcado.

La enemistad y la rivalidad entre mujeres se nos mete tan dentro que muchas acaban por odiar a las demás y asumir la misoginia que late en toda nuestra cultura patriarcal.

Ese odio contra las mujeres va en contra nuestra: cuanto más aisladas y enfrentadas estamos entre nosotras, más resiste el patriarcado. Pensemos en las relaciones con mujeres de nuestra propia familia: a menudo nos tratamos mal y nos hacemos sufrir unas a otras.

Un ejemplo de esta guerra es la que se da entre nueras y suegras en torno al amor del macho.

Hay mujeres que tratan mal a la madre de su compañero, otras que tratan mal a la compañera de su hijo, y ambas pueden intentar separarle emocionalmente de la otra a través de crueles estrategias de guerra que nos hacen sufrir durante años, o toda la vida.

Nos gusta cuando ganamos, y nos da rabia cuando gana la otra: cuando nos metemos en luchas de poder infernales es muy complicado salir de ellas, y sacan lo peor de nosotras. Puedes ser muy buena persona, pero cuando sientes mucha rabia, mucho dolor, odio o envidia es muy difícil portarte bien.

Cuanto peor te portas con la otra persona, peor persona te sientes, y más dolorosa se vuelve la situación. En esas luchas de poder contra otras mujeres todas salimos perdiendo, porque la rabia nos acaba devorando y nos hace daño a nosotras mismas y a toda la gente que está alrededor.

También competimos con nuestras propias amigas, con compañeras de trabajo, con vecinas, con compañeras de lucha o con las amigas de nuestra pareja. Las mujeres hemos interiorizado la guerra mundial que existe contra nosotras, y la aplicamos contra nosotras y entre nosotras.

Podéis verlo en las redes sociales con las mujeres que, para ganar *followers*, abren hilos para generar polémica y atraer así a las seguidoras de la mujer a la que están atacando.

Las guerras en redes sociales siguen todas el mismo patrón: exponemos y señalamos a una compañera, la atacamos, las demás nos aplauden, vienen las defensoras de la atacada y empieza el jaleo: se cruzan los insultos, las humillaciones, los sarcasmos, las puñaladas, las burlas, los castigos, y cuando una de las dos se queja, se le acusa de estar victimizándose. Lo que la gente quiere ver en las redes es sangre y dolor.

Igual que en el circo romano hace 2.000 años: a las masas les encantan las polémicas, disfrutan repartiendo *zascas* y viendo cómo alguna mujer reparte *zascas* a otra. Son como los vídeos de las mujeres peleando en el barro: a los hombres les encanta ver cómo les imitamos.

La ciberviolencia genera adicción: cuando no hay linchamientos, la gente se aburre, y los algoritmos lo saben; por eso promueven los enfrentamientos, y por eso tantas mujeres están abandonado las redes y están quedando silenciadas: es como una muerte virtual.

Las técnicas para ejercer la violencia y la crueldad en redes son siempre las mismas: un tono horrible de desprecio y asco al hablar de la persona a la que vas a atacar, la generación de malentendidos, bulos y *fakes*, sacar de contexto las palabras de alguien para que parezcan lo contrario de lo que quiso decir, la humillación mediante la burla, el acoso constante para intimidar y silenciar a la persona atacada…

Esta ciberviolencia no se considera maltrato ni agresión: la hemos naturalizado como si las ciberguerras fueran algo natural, algo que forma parte de nuestra presencia en redes sociales. Es más: hay muchísima gente que se aburre si entra en redes sociales y no encuentra peleas ni linchamientos. Hemos aprendido a disfrutar sufriendo y haciendo sufrir a los demás, y tenemos muchos argumentos para justificar nuestros ataques, pensando que las otras están equivocadas.

Nos juzgamos unas a otras, propagamos chismes, ridiculizamos a las mujeres que no nos caen bien… En lugar de ignorarlas, las atacamos, y nos dan enormes subidones de adrenalina cuando vamos ganando la batalla.

Nosotras siempre llevamos la razón, la culpa es de las otras.

¿Qué ocurre cuando nunca hemos tenido poder y un día de pronto lo tenemos?

Cuando, por ejemplo, resultamos elegidas alcaldesas en nuestro pueblo, o somos ascendidas a jefas en nuestra empresa, o tenemos un cargo en un sindicato, una institución o un colectivo, o cuando entramos en los cuerpos de seguridad del Estado, ¿cómo usamos el poder nosotras? De la misma manera que los hombres, porque nos han educado en el patriarcado: lo hemos interiorizado, lo llevamos dentro, lo sufrimos y lo ejercemos sobre los demás.

Todos tenemos por encima a gente con más poder y por debajo a gente con menos, lo que implica que igual que nos explotan a nosotras, nosotras también podemos explotar a los demás. Y lo hacemos: por eso hay mujeres empresarias que evaden impuestos, jefas abusonas, políticas que roban a los ciudadanos, policías que maltratan a los detenidos.

¿Y nosotras, las mujeres de a pie que no tenemos cargos, ni fama ni dinero, cómo ejercemos nuestro poder?

Lo hacemos a través del dinero y la explotación de las mujeres más empobrecidas: ejercemos el poder patriarcal, por ejemplo, cuando compramos ropa muy barata cosida en condiciones de esclavitud por mujeres y niñas en la pobreza. O cuando alquilamos una mujer para comprarle su bebé, porque nosotras no podemos realizar nuestro gran sueño de ser madres.

Las mujeres imitamos a los hombres y ejercemos el poder de forma patriarcal porque la mayoría no conocemos otras formas de organizarnos que no sean jerárquicas. O las conocemos (¿quién no ha oído hablar de la cooperación, la solidaridad, el trabajo en equipo, las redes de apoyo mutuo, el altruismo?), pero vivimos en un mundo en el que el pez grande se come al chico, y para sobrevivir y llegar a algo en la vida nos han dicho que tenemos que pisotear a las demás.

En el entorno laboral, por ejemplo, las mujeres podemos maltratar a nuestras compañeras o a nuestras subordinadas, apropiarnos de su trabajo, hablar mal de ellas, tratar de hundir su prestigio y difundir rumores falsos para que las despidan o para que nos den su puesto a nosotras. Es la alianza entre el capitalismo y el patriarcado: mujeres competitivas que se hacen daño entre ellas para obtener recursos y poder.

Lo hacemos también dentro de los colectivos a los que pertenecemos, y en los movimientos sociales en los que combatimos, con todas aquellas mujeres que no piensan como nosotras, o con mujeres que envidiamos y con quien competimos para alcanzar puestos de liderazgo.

A veces las detestamos, pero otras veces en realidad las admiramos y nos atraen poderosamente, solo que nos han hecho creer que para deslumbrar es necesario apagar el brillo de las demás.

Por eso practicamos con tanto entusiasmo la cultura de la cancelación, porque nos sentimos fuertes cuando podemos cerrarle la boca a las mujeres poderosas: hacemos todo lo posible para que se callen, para que desaparezcan y *mueran* en el mundo virtual. Creemos que, al cancelarlas a ellas, debilitamos a todas las que piensan como ellas, y les enseñamos lo que les puede pasar si se posicionan públicamente en cualquier tema. Es una advertencia para las del otro bando: si expones tus ideas, te hacemos desaparecer.

Lo llamamos *empoderamiento femenino*, pero en realidad es dominación patriarcal ejercida por mujeres.

Perdemos demasiado tiempo y energía en esas batallas, y dejamos de lado lo verdaderamente importante: que hay millones de mujeres sufriendo, encerradas con sus maltratadores, sin trabajo y sin ayudas, sin ingresos de ningún tipo o sin papeles.

Mujeres explotadas en el campo, en los burdeles y los pisos, en los hospitales, en las residencias de mayores, en las casas de gente rica: se nos olvidan porque estamos enfrascadas en otras batallas que nos revuelven las emociones y nos enganchan poderosamente.

Y es que, ¿qué sentimos sabiendo que podemos destrozar la carrera de alguien con un solo clic? Desde casa, gozando del anonimato, unas denuncian a otras y se sienten como diosas: basta un segundo para ejercer tu poder y hundir a alguien que no te gusta. Los propietarios de las redes lo saben: por eso refuerzan el enfrentamiento y la polarización, y por eso dan más visibilidad a las publicaciones violentas, a las polémicas y a los linchamientos. Manipulan nuestras emociones, de la misma forma que hacen los partidos políticos, los curas, los pastores y los maridos.

¿Cómo usamos nuestro poder con la gente que nos quiere?

Al enamorarnos, algunas de nosotras le damos todo nuestro poder a un solo hombre. Se lo damos gratis, altruistamente, como si no lo necesitáramos para nada. Les damos poder aunque no nos quieran y no nos traten bien: creemos que en eso consiste el amor, en darle todo el poder a la otra persona para que nos ame de un modo total y absoluto.

Y sin embargo, las mujeres también ejercemos el poder desde la sumisión. Tenemos una forma indirecta de conseguir lo que queremos y de obtener poder sobre los demás, por eso tenemos fama de ser manipuladoras y perversas: a muchas no se nos ve llegar de frente.

Son técnicas de resistencia y de supervivencia: las mujeres, por ejemplo, usamos mucho la información que recibimos del entorno para nuestros propósitos. A muchas no nos hace falta decir lo que queremos: más bien lo ocultamos y establecemos estrategias invisibles para actuar con mayor libertad.

Muchas tenemos poder sobre nuestras parejas, sobre todo si son dependientes económica o emocionalmente. Hacemos cosas como salvarles la vida a hombres alcohólicos, ludópatas, toxicómanos o con problemas económicos para generar una deuda eterna, porque creemos que cuando se recuperen nos tendrán que amar para siempre.

Pero, sobre todo, las mujeres tenemos poder sobre las personas y animales que dependen por completo de nosotras:

familiares con discapacidades, enfermos o accidentados, niños y niñas, mascotas...

Cuanto más dependen de nosotras, más grande es nuestro poder, y muchas no sabemos cómo manejarlo. Porque no nos han enseñado, y porque vivimos en una cultura individualista, narcisista y egocéntrica.

Nos gusta sentirnos necesarias, importantes, imprescindibles; por eso hay mujeres que no enseñan a sus hijos varones a ser autónomos y a cuidarse a sí mismos, de manera que dependan siempre de ellas. Y lo mismo con el marido: hacerle todo para poder decirle "sin mí no eres nada".

El poder de los hombres se ha ejercido siempre desde la tiranía: "Yo os mantengo, así que todos tenéis que obedecerme". Desde su poder económico dominan, manipulan, controlan y explotan a los demás: muchos hombres viven en sus casas como reyes, lo mismo en la sociedad feudal como en la actual. La democracia no ha entrado aún en millones de hogares.

Y las mujeres, ¿cómo sometemos y explotamos a los demás?

Por un lado, es cierto que cuantos más derechos y privilegios acumula una mujer por su color de piel, clase social, idioma, orientación sexual, capacidades, etc., más poder tiene. Pero también que todas las mujeres del mundo tienen su poder en el mundo de los afectos, las emociones y los sentimientos: es el único terreno en el que hemos podido triunfar y ganar batallas.

Las mujeres hemos aprendido a dominar desde posiciones de sumisión y subordinación, primero como estrategia de supervivencia, y además por la necesidad de acumular poder para que no nos dominen los demás.

O para que crean que nos dominan, pero en realidad no.

El mito del amor romántico nos ha engañado haciéndonos creer que si enamoramos al príncipe azul nos convertiremos en reinas de nuestro hogar, en emperatrices de nuestro pequeño mundo.

Nos han hecho creer que podemos manejar a los hombres seduciéndolos y enamorándolos, por eso nos sentimos tan fracasadas cuando no logramos que se rindan a nuestros pies. Y en parte, por eso nos quedamos en relaciones en las que no nos quieren bien y no nos cuidan: porque nos empeñamos en que algún día la tortilla dé la vuelta.

¿Y cuándo da la vuelta la tortilla? Generalmente las mujeres tienen que esperar treinta o cuarenta años; es decir, empezamos a tener poder sobre nuestras parejas cuando los hombres envejecen y empiezan a depender más y más de nosotras.

Cuando enferman, cuando caen en depresión, cuando pierden su fuerza física, cuando les despiden o se jubilan, cuando se debilitan sus erecciones, cuando no pueden cumplir con su rol de proveedor principal... es entonces cuando los hombres empiezan a encerrarse en casa y a pedirles a sus esposas que se encierren con ellos para cuidarles y acompañarles.

Y es entonces cuando nosotras empezamos a tener poder. Pero ¿qué ocurre si nos toca cuidarles durante otros diez, veinte años...? Que no podemos disfrutar de la vida hasta que nos quedemos viudas.

Por eso las mujeres ahora se separan más. No quieren esclavizarse cuidando a un tipo que nunca cuidó a nadie, ni a sí mismo. Y es que es realmente injusto tener que dejarse la energía y la salud en un hombre que no te trató bien o que se aprovechó de tu trabajo gratis toda la vida sin devolver nada de lo que recibió.

LIBERAR AL AMOR DEL PODER PATRIARCAL

Estamos en un momento histórico: hemos iniciado diversos procesos de despatriarcalización en todas las áreas de nuestra vida. En la economía, en la ciencia, en la educación, en el arte, en la cultura, en el derecho y en las leyes, en la justicia, en los parlamentos, en la comunicación, en el deporte, e incluso en la religión (o las religiones).

Paralelamente, estamos trabajando también para despatriarcalizar nuestra sexualidad y nuestro erotismo, nuestras relaciones familiares, de amistad y sexoafectivas, así como nuestras relaciones sociales y laborales.

Y, por último, estamos trabajando para despatriarcalizarnos *por dentro*. Estos cambios individuales y colectivos se van reflejando en las leyes, y las leyes a su vez promueven e impulsan nuevos cambios. Es un proceso largo, porque son muchos siglos de patriarcado los que llevamos encima, y aunque es relativamente fácil abrir nuestras mentes, romper nuestros esquemas e imaginar otras formas de relacionarnos y de organizarnos, lo cierto es que lo más difícil de trabajar son las emociones.

Nuestras emociones siguen siendo las mismas que hace miles de años: aún no hemos aprendido a identificarlas, expresarlas y cuidarlas. En algunas escuelas empieza a asomarse tímidamente la educación emocional: no sabemos cuándo pasará a ser una prioridad en los programas educativos, a pesar de que es urgente para acabar con el machismo y para mejorar nuestras vidas.

Necesitamos herramientas:

- para que nuestras emociones no nos arrasen, ni hagan daño a los demás;
- para aprender a cuidarnos en un sistema de correspondencia que nos permita dar y recibir cuidados en condiciones de igualdad;
- para aprender a aceptar el rechazo cuando nos enamoramos de alguien, y para aprender a decir adiós a nuestras parejas cuando ya no queramos o no quieran continuar la relación;
- para decir adiós a nuestros seres queridos cuando mueren, para poder hablar de la muerte con naturalidad y poder hacer nuestros duelos;
- para entrenar la empatía y la solidaridad, para aprender a comunicarnos con amor;
- para destrozar todos los tabúes de nuestra cultura, sobre todo los relacionados con el cuerpo y con la sexualidad de las mujeres;
- para tratarnos bien en momentos críticos, cuando estamos estresados, dolidos, frustrados, enrabietados, enfadados o tristes;

- para aprender a ser honestos y coherentes, para amar con generosidad y cuidar nuestras relaciones;
- para trabajarnos nuestras violencias y defendernos de las los demás;
- para amarnos sin miedo, como iguales y en libertad.

Una de las cuestiones más urgentes es que tomemos conciencia de la profunda misoginia que impregna toda nuestra cultura y que cambiemos nuestros chistes, refranes, canciones, cuentos, películas, noticias, prensa, publicidad y redes sociales. Todas ellas están impregnadas de mitos, estereotipos y mandatos de género que sirven para alimentar y perpetuar el patriarcado.

Las mujeres también interiorizamos la misoginia, por eso no nos gustamos a nosotras mismas: odiamos nuestro cuerpo, lo torturamos con dietas espantosas y sesiones de gimnasio extenuantes, lo metemos al quirófano, y criticamos también los cuerpos y la forma de las demás mujeres.

A muchas mujeres no les gustan las mujeres, podéis comprobarlo cuando oís a alguna decir: "Yo prefiero trabajar con hombres, las mujeres son terribles".

Es preciso que tanto mujeres como hombres podamos identificar cómo hemos aprendido el patriarcado, como lo ejercemos y como lo sufrimos, y empezar a pensar en cómo liberarnos y liberar al amor del machismo, el sufrimiento y la violencia.

LIBERARNOS DE LOS MITOS

El principal mito del amor romántico, o el que más nos esclaviza, es la monogamia, un sistema de relación que se nos ha impuesto solo a las mujeres. Aunque los hombres simulan aceptar el pacto de exclusividad y fidelidad en el rito nupcial, lo cierto es que la mayoría disfruta de una vida sexual y amorosa rica y diversa. Unos tienen amantes gratis, otros de pago, y otros tienen amantes fijas o de usar y tirar. Unos hacen escapaditas de vez en cuando, otros practican la infidelidad como si fuese un deporte nacional.

¿Cómo han logrado que la mayor parte de las mujeres renuncie a vivir una vida sexual y amorosa como la de los hombres? Con la doble moral, que ensalza al macho que logra muchas conquistas y destroza a las mujeres que hacen lo mismo. Para los hombres, tener muchas relaciones sexuales demuestra lo *machos* que son, algo que además les da puntos frente a los demás varones. Lo mismo en las mujeres es visto como un pecado, una aberración, una monstruosidad, y por eso los castigos que se aplican sobre los infieles son diferentes a los que aplicamos con las infieles.

A los primeros les castigamos tres días durmiendo en el sofá del salón, y cuando muestran arrepentimiento y prometen no volver a hacerlo, se les readmite en el lecho conyugal. A las mujeres infieles generalmente las castigamos con rechazo social y odio misógino.

La doble moral nos hace creer que los hombres son infieles por nuestra culpa: bien porque somos unas robamaridos con cuernos de demonio, bien porque como esposas no hemos sabido complacerlos, vigilarlos y retenerlos. Cuando un hombre es infiel, la culpa siempre es de alguna mujer.

Según la doble moral, las mujeres normales no sienten deseo sexual, y solo acceden a tener relaciones con sus maridos por obediencia, y por complacer al macho, no porque les guste el sexo. Por lo tanto, todas aquellas a las que les guste, son unas *putas*.

Puta es la palabra favorita del patriarcado para humillar y destrozar a las mujeres por dentro: se utiliza para que nosotras mismas, por miedo, coartemos nuestra libertad y pongamos nuestros cuerpos al servicio de un hombre, o de varios.

A todas las mujeres que pretenden ser libres y que no asumen los roles de la tradición patriarcal se les castiga con insultos, burlas, rumores, chismes, humillaciones públicas, y en muchos casos, con palizas y hasta con la muerte.

Ahora que a las mujeres no nos importa tanto nuestro "prestigio" y nos estamos atreviendo a desobedecer, está surgiendo toda una corriente negacionista y antifeminista en todo el planeta por parte de hombres asustados y enfadados con los avances del feminismo.

Para que la sociedad tenga miedo al feminismo, es fundamental:

- que la gente se crea que las feministas estamos tan "locas" como otros colectivos, como el ecologista;
- que no se hable en las escuelas sobre la teoría feminista ni sobre el movimiento de liberación de las mujeres;
- proclamar a los cuatro vientos que las mujeres odiamos a los hombres, que queremos vengarnos, y que estamos dispuestas a hacer lo mismo que ellos han hecho con nosotras.

Y sin embargo, lo decimos todo el tiempo y no nos escuchan: las mujeres no queremos mutilar los genitales de los hombres, ni comerciar con su cuerpos, ni pretendemos prohibirles estudiar o trabajar, ni les queremos obligar a tapar sus rostros, sus cuerpos o su cabello, ni aspiramos a encerrarlos en casa. No queremos dejarles sin propiedades, sin ingresos, sin derechos y sin libertad. Ni que vivan aterrorizados por la posibilidad de ser violados o asesinados, ni instaurar un sistema de opresión como el del patriarcado.

Nosotras lo que queremos es que el mundo se llene de hombres capaces de renunciar a sus privilegios, hombres desobedientes que no se sometan al patriarcado, y que se rebelen ante los mandatos de género. Hombres valientes que hagan autocrítica y se liberen de los patriarcados internos. Hombres que aprendan a cuidarse y a cuidar, y a tratarnos como a compañeras. Hombres con ganas de contribuir al cambio, capaces de construir relaciones sanas e igualitarias basadas en el apoyo mutuo, la responsabilidad afectiva y la ternura radical.

HERRAMIENTAS

1. CLAVES PARA LA AUTOCRÍTICA AMOROSA

Para poder cuidar de ti y de tu pareja, necesitas empezar un proceso de autoconocimiento que te ayude a entenderte mejor, a identificar tus virtudes y a detectar todo aquello que podrías mejorar y cambiar para que tú y los demás sufráis menos.

Después de identificar tus defectos y todo aquello que quieres trabajarte, el siguiente paso es tener claro qué cambios necesitas en tu vida. Para ello, tienes que expandir tu creatividad, atreverte a imaginar una vida mejor y diseñar las estrategias que vas a seguir para lograr esos cambios.

A lo largo del trabajo personal, y utilizando el método ensayo y error, encontrarás qué es lo que te funciona y qué no, qué estrategias son útiles y cuáles no. También te ayudará mucho utilizar el sentido común, ser práctica y realista, y ponerle mucho amor a tu tarea.

Para poder vivir en pareja o en comunidad, necesitamos aprender a usar nuestro poder, identificar qué es lo que queremos y lo que no queremos, y tomar conciencia del impacto que nuestros deseos, apetencias y necesidades tienen en los demás.

Es decir, ponerle atención a la dimensión ética de nuestro comportamiento: ¿mis acciones solo me benefician a mí o benefician también a mi pareja / a mi familia / a mi gente cercana / a todos los demás?

Mis deseos, mis necesidades, mis palabras, mi forma de relacionarme, mi comportamiento contribuye a que mi pareja y mi gente viva mejor, ¿o solo me beneficio yo?

¿Qué es lo que puedo cambiar para sufrir menos, y disfrutar más de la vida?, ¿qué aspectos de mi personalidad y de mi comportamiento pueden mejorar?

A veces necesitamos preguntarle a nuestra gente querida: nuestros niveles de autoengaño son enormes, no estamos entrenadas en el arte de la autocrítica amorosa, y no nos es fácil identificar errores y formas de actuar que perjudican o hacen daño a los demás.

Además, el recurso más fácil que tenemos cuando nos enfrentamos a un conflicto con alguien es situarnos como víctimas, porque desde esa posición nos resulta más fácil dominar intentando dar pena a los demás. Haciendo que se sientan responsables de nuestra felicidad, y que se sientan culpables, es más sencillo conseguir lo que queremos o lo que necesitamos.

O eso nos han hecho creer.

¿Por qué nos cuesta tanto asumir las consecuencias de lo que sentimos, lo que pensamos y lo que hacemos? Porque es más cómodo echarle la culpa a los demás que responsabilizarse y hacer autocrítica. Le echamos la culpa al amor, al matrimonio, a la sociedad, para no tener que enfrentarnos a las partes más oscuras y siniestras de nosotras mismas.

Nuestro mundo tiene dos dimensiones: el de la luz, que es el que vemos en la televisión y las redes sociales, el que mostramos a los demás en nuestros perfiles sociales; y el de la oscuridad, que permanece oculto y del que nadie quiere hablar.

Por ejemplo, en el lado luminoso hablamos del amor y del matrimonio, pero sigue siendo tabú abordar aspectos oscuros como la prostitución y la trata.

Dentro de nosotras también hay luz y oscuridad. Nos cuesta hablar de algunos temas y preferimos dejarlos en la sombra para poder seguir viviendo la ilusión de que las cosas son reales y funcionan.

Mirar en las sombras da miedo. Están llenas de monstruos, y no tenemos herramientas para relacionarnos con esa parte de nosotras mismas que no nos gusta, que nos avergüenza, que sentimos que no podemos controlar ni cambiar. Nuestra violencia, nuestra miseria moral, nuestro egoísmo, nuestra maldad, nuestra soberbia, nuestra vanidad, nuestra codicia, nuestra ansia de poder, de acumular y de presumir... todo está ahí oculto, latente, en el reino de la oscuridad.

Nuestros traumas están ahí. Nuestra envidia, pereza, rencor, impotencia, frustración y amargura; nuestros miedos, odios y fobias sociales están ahí; nuestro patriarca interior está dentro, y no sabemos qué hacer con tanta *basura*.

Trabajar dentro de una misma para llevar luz a la oscuridad no es fácil. En muchas ocasiones necesitamos terapia, pero también muchas lecturas que nos lleven a hacernos preguntas, y muchas conversaciones con nuestras parejas y con la gente que nos conoce bien. Es mucho trabajo, y solas no podemos.

Vivimos engañados por un sistema que nos hace creer que los cambios vienen solos, y que tenemos que tener fe en la magia.

Por eso soñamos con que nos toca la lotería y nos cambia la vida. O que nos tomamos unas hierbas con un conjuro mágico y sanamos de repente.

O que conocemos a nuestra media naranja que nos soluciona los problemas y nos salva de todo.

O que nos topamos con un descubridor que ve de lejos nuestro talento y nos lanza al estrellato.

Dedicamos muchos recursos a la magia, y tenemos mucha fe en ella porque así se producen todos los cambios en los relatos de nuestra cultura: los sucesos extraordinarios salvan a los protagonistas de todos sus problemas. Sin darnos cuenta, nos hemos hecho adictos y adictas a los finales felices.

Por eso la realidad nos pesa tanto y nos resulta tan difícil, pero una vez que decidimos aceptarla, podemos asumir la responsabilidad que tenemos.

Los cambios se producen cuando, movidos por la necesidad, identificamos todo aquello que queremos cambiar, nos comprometemos seriamente con ellos y empezamos a hacer elecciones y a tomar decisiones.

Y es entonces cuando empiezan a pasar cosas interesantes.

CLAVES PARA LA AUTOCRÍTICA AMOROSA

- Tomar conciencia de qué es lo que quiero y lo que no quiero para mí, y qué necesito para estar bien.
- ¿Qué cambios necesito hacer para vivir mejor?
- ¿Qué elecciones quiero hacer, y qué decisiones quiero tomar para llevar a cabo los cambios que necesito?
- ¿Qué estrategias voy a poner en marcha para alcanzar esos cambios?
- ¿Qué poder tengo, desde qué posición negocio?
- ¿Cuáles son mis puntos débiles, y cuáles son las principales dificultades que se van a presentar en el camino?
- ¿Cómo impactan estas estrategias en mi pareja y en los demás?, ¿se beneficia todo el mundo, o solo yo?, ¿a quién perjudico?, ¿cómo hago para portarme bien y que nadie sufra?
- Firma del contrato amoroso con una misma: listado de pactos y compromisos.

2. HERRAMIENTAS PARA APRENDER A USAR NUESTRO PODER

Lo primero es tomar conciencia de nuestro poder. Por muy débiles e incapaces que nos sintamos, todas tenemos una cuota de poder, como los que emanan de nuestros derechos fundamentales y de los privilegios de los que disfrutamos.

Segundo, tenemos que plantearnos cómo podríamos hacer para que nuestro poder no haga sufrir a los demás: ni a nuestras iguales ni a la gente que es más vulnerable que nosotras.

Lo tercero, tomar conciencia de los métodos que empleamos para ejercer nuestro poder, ahora que sabemos que la violencia no es solo física, sino también psicológica, verbal y emocional, y que no solo la sufrimos, sino que también la ejercemos.

En cuarto lugar, pararte a pensar qué estás aportando a tu comunidad, cómo contribuyes al bien común, cómo ayudas a la gente, qué impacto tienen tus estrategias en los demás.

En quinto lugar, tomar conciencia de que la felicidad es política: no puedes ser feliz si a tu alrededor la gente sufre. La felicidad no puede ser solo para ti.

Y por último, es urgente que entendamos que nuestras emociones no pueden hacer daño a nadie, que hay que acabar con el sufrimiento de la gente, cuidar nuestra salud mental y emocional, y ponernos a pensar cómo construir relaciones basadas en el respeto, la sororidad, el apoyo mutuo, la solidaridad y el compañerismo.

No es necesario que estemos de acuerdo en todo: basta con que aprendamos a comunicarnos y a relacionarnos desde la filosofía de los cuidados y la no violencia.

Los cuidados hacia ti misma, los que recibes y los que das, son la clave para aprender a usar tu poder. Desde esta filosofía, tu poder puede servirte a ti sin tener que perjudicar a los demás.

Lo personal es político y lo romántico es político: hay que trabajarse mucho el poder, individual y colectivamente. Si queremos acabar con las jerarquías que nos sitúan a unos encima de otros y que generan tanta desigualdad, discriminación, explotación y violencia, tenemos que cambiar el concepto de poder y utilizarlo para el bien común.

Para acabar con el odio hacia el otro, para dejar de construir enemigos, para parar las guerras, tenemos que repensar la forma en la que nos relacionamos sexual, afectiva y sentimentalmente. Transformar el modo de organizarnos política, social y económicamente, para que unos pocos no se queden con todo. Pensar entre todos qué tipo de familias y comunidades afectivas queremos, qué tipo de parejas queremos construir, cómo podríamos vivir mejor todos, cómo podríamos distribuir los recursos equitativamente.

Yo me trabajo mi poder desde hace años, cuando empecé a leer sobre feminismo. He utilizado todas las estrategias explicadas anteriormente, y por eso procuro practicar la asertividad, la empatía, la solidaridad con la gente con la que batallo, tanto con las personas que quiero como con las desconocidas.

Mi objetivo es aprender a ser asertiva para comunicarme mejor, decir lo que siento y ejercer mi poder desde una posición amorosa. Quiero llevar la teoría feminista a la práctica, a mi día a día, y así aprender a relacionarme en igualdad, desde el respeto y la empatía. Quiero transformar la manera en la que construyo y vivo mis relaciones con los demás, y aportar en la transformación política, económica, social, sexual y emocional del mundo en el que vivimos.

Yo empecé mi trabajo personal con esta sencilla pregunta: ¿cómo podría yo hacer para que mi poder no perjudique, no someta, no apague la luz de las personas con las que me relaciono?

Lo primero es analizarnos para entender cuáles son nuestras ventajas, cómo las usamos, cómo nos aplastan los privilegios de los que están arriba, y cómo aplastamos nosotras a los que están abajo.

Es un trabajo que requiere mucha honestidad y mucha autocrítica amorosa. Se trata de ver cómo dominamos y cómo nos sometemos, cómo luchamos por conseguir nuestros objetivos y nuestras metas, y analizar si me estoy haciendo daño a mí misma o a los demás.

Se trata de ser sincera con una misma: ¿me estoy resignando, me estoy imponiendo, me estoy sintiendo humillada, me siento poderosa, me estoy dejando explotar, me estoy dejando tratar mal, estoy yo explotando o tratando mal a la otra persona? Y sobre todo, pensar constantemente en qué ocurre cuando ganamos una lucha de poder, cómo afecta a los demás que yo consiga lo que necesito o lo que quiero. ¿Podría yo contribuir a que nos vaya bien a todos, y no solo a mí?

Aquí te propongo unas cuantas preguntas más para que puedas trabajar el tema del poder y el amor:

- ¿Cómo puedo trabajarme el ego para dejar de necesitar la admiración de los demás, para abandonar esa obsesión por ser importante, por ser especial, por ser necesaria?
- ¿Cómo puedo valorarme a mí misma sin necesitar constantemente el reconocimiento de los demás?
- ¿Por qué creo que me da valor tener pareja?, ¿por qué mi ego y mi autoestima se hunden si no la tengo?
- ¿Cómo construir relaciones más bonitas, más sanas, más equilibradas, más honestas?
- ¿Cómo amar y querer de forma desinteresada, con toda la generosidad del mundo?
- ¿Cómo cuidar a la otra persona y cuidarme yo durante las luchas de poder?
- ¿Cómo elimino la necesidad de control y dominio sobre la persona que amo?
- ¿Desde qué posición pacto los términos de mis relaciones sexoafectivas?, ¿me pongo sumisa o dominante, me pongo victimista o agresiva?
- ¿Cómo negocio esos pactos sin que nadie tenga que ceder en todo?
- ¿Cómo alcanzar autonomía para relacionarme desde la libertad y no desde la necesidad?
- ¿Soy honesta con mi pareja?, ¿y conmigo misma?, ¿cómo me relaciono con mi culpabilidad y con la que genero en los demás? ¿Soy capaz de aceptar al otro tal y como es, o mi

secreto deseo es cambiarlo a mi medida?, ¿cuáles son mis límites y los de la otra persona?, ¿son compatibles nuestras apetencias particulares sobre el sexo y el amor?
- ¿Cómo relacionarme en un plano horizontal con mis parejas?, ¿cómo amar y defender mi poder?, ¿cómo me relaciono con el poder de la otra persona?
- ¿Cómo puedo seguir siendo yo aunque me enamore locamente?, ¿cómo hago para no ponerme en un altar o no ponerme de rodillas a la hora de relacionarme con mi pareja?, ¿cómo hago para no machacar la autoestima de la otra persona?
- ¿Cómo defiendo mi libertad y cómo respeto la libertad de mi pareja?
- ¿Qué pasa si dejo de ganar siempre en todos los sitios y con todo el mundo?, ¿qué ocurre si me harto de someterme a los demás para que me usen como alfombra?
- ¿Cómo me siento cuando no me aman como aspiro?, ¿cómo me siento cuando la otra persona me ama ciega e incondicionalmente, y yo no siento lo mismo?
- ¿Me siento responsable del bienestar y la felicidad de mi pareja?, ¿hago responsable al otro de mi bienestar y mi felicidad, o soy yo la que asumo mi cuidado personal?
- Y, por último, la pregunta más importante para mí, que se centra en el placer, en el disfrute, en la alegría de vivir: ¿cómo utilizar mi poder para que hacer más bonita mi vida y la de los demás?

3. HERRAMIENTAS PARA TRABAJAR TU EGO

Una de las principales cuestiones que tenemos que cuidar para poder relacionarnos con nuestra pareja y con los demás es el ego.

A mí me ayuda pensar en mi ego como la voz del *Señor patriarcal*. Está dentro de mí y de todas las personas: es un tirano que quiere poder, recursos, amor, aplausos, admiración y reconocimiento.

El ego quiere ser dios o diosa, y no repara en las estrategias que utiliza para conseguir lo que desea. Disfruta dando envidia a los demás y necesita sentirse importante, necesario, imprescindible.

Para trabajar el ego necesitamos toneladas de honestidad, humildad y empatía: él cree que puede con todo, que controla las situaciones difíciles, que puede resolver todo por sí solo. Tiene complejo de señor omnipotente y machista que no acepta su vulnerabilidad.

El ego nos mete en batallas terribles contra nosotras mismas porque nos arroja a abismos en los que sufrimos un montón. No solo maltrata a los demás, sino sobre todo a nosotras mismas. Por ejemplo, cuando el ego no soporta el rechazo y no soporta que no le amen, y decide aguantar, humillarse, arrastrarse las veces que hagan falta detrás del amado.

El ego nos pone en riesgo, nos hace sufrir, coarta nuestra la libertad, pisotea nuestra dignidad. Por eso cuanto más grande es nuestro ego, más difícil nos resulta hacer autocrítica amorosa: es siempre más fácil echarle la culpa a los demás que responsabilizarse del propio bienestar.

Por eso cuando estamos siendo víctimas en una relación de malos tratos, nuestro ego cree que podemos soportar la situación, resolverla y cambiarla, y suele ser porque no vemos las consecuencias de estar sufriendo esa situación. No percibimos que ese maltrato nos va debilitando y machacando la autoestima y que somos nosotras las que necesitamos ayuda y protección, no los agresores.

Otro ejemplo que ilustra muy bien lo que le ocurre al ego: cuando alguien decide cortar la relación con nosotras y nos inunda la sed de venganza.

Esta sed de venganza nos mueve a castigar a quien no nos trata bien, y pretende ejercer la misma violencia que hemos sufrido, es decir, devolver el mal que nos han hecho. Es una cuestión de poder: *tú me has hecho daño, yo te voy a destrozar la vida*. Es el principal motivo que tienen los maltratadores y feminicidas.

La sed de venganza nos puede llevar a ser muy crueles con la gente que no se ha querido someter a nuestro poder, que no nos ha obedecido o que no nos ha reconocido nuestro estatus divino.

El ego siempre quiere tener poder y es insaciable. Por eso hay que mantenerlo a raya: porque puede sacar lo peor que tenemos dentro.

Trabajar para controlar el ego forma parte de todo proceso de liberación, porque cuando le hacemos caso, nos convierte en esclavas. La única forma de construir nuestra autonomía y de ser libres es relacionarnos desde la ética de los cuidados.

Si pones en el centro los cuidados que te das a ti y a los demás, te resultará más fácil resolver los conflictos y tomar decisiones. Basta con plantearse cómo nos afecta a nosotras la decisión, y cómo afecta a los demás.

Cuando eres humilde y piensas en los cuidados, te puedes plantear si realmente necesitas ganar esa guerra que os está haciendo daño a los dos.

Igual ni siquiera queremos ganarla, ¿para qué alargar el sufrimiento inútil?, ¿realmente me compensa vencer si eso hace sufrir a los demás?

Hay más preguntas que puedes hacerte para trabajar tu ego: si me convierto en alguien imprescindible para otra persona, ¿lo hago porque soy muy buena, o porque me da poder sobre ella?, ¿me hace sentir bien que alguien dependa de mí?, ¿no sería mejor que me quiera alguien que no me necesita pero desea estar a mi lado?

Si yo no me valoro a mí misma, ¿realmente me sirve de algo que los demás me valoren?, ¿me ayuda el reconocimiento de los demás a sentirme un ser especial? ¿Qué pasa cuando se acaban los aplausos?, ¿hasta qué punto esos aplausos no me convierten en dependiente de los demás?

¿Y qué pasa con esa necesidad de sentirme única y especial?, ¿para qué necesito yo sentirme única si en realidad todos somos únicos?, ¿soy yo realmente más especial y maravillosa que las demás mujeres, o soy como todas, con sus luces y sus sombras, con sus virtudes y sus defectos?

¿Realmente me siento mejor cuando me creo superior a los demás?, ¿no será absurdo dado que siempre habrá gente por encima y por debajo de mí, por muy alto que llegue en la pirámide de las jerarquías?, ¿qué hacen por los demás las personas que se sienten superiores, acumulan poder o hacen que el resto viva mejor?

¿Necesito yo apagar el brillo ajeno para lucirme más?, ¿no podríamos brillar todas sin tener que apagar a las demás?, ¿no habría más luz en el mundo sumando las luces de todas?

¿Realmente necesito que un Dios me ame para poder amarme a mí misma?, ¿para qué quiero yo que otra persona se encargue de mis cuidados y mi autoestima, si es una responsabilidad exclusivamente mía?

¿Se puede ser feliz con un ego siempre insatisfecho, y que siempre quiere más?, ¿me hace bien ese estado de carencia permanente?

¿Cómo se aprovechan los demás de mi necesidad de sentirme reconocida y querida?, ¿cómo utilizan los hombres mi falta de autoestima y mi necesidad de reconocimiento?, ¿cómo adulan mi ego para seducirme y conquistarme?, ¿cómo usan los hombres el poder que tienen sobre mí?

¿Por qué el ego se porta tan mal con la gente a la que admiro y considero una amenaza para mí o para mi pareja?, ¿cómo controlar la envidia que se genera en mí al interaccionar con otros egos?, ¿cómo hacer para que mi complejo de inferioridad o superioridad no hagan daño a nadie?

¿Por qué mi ego no quiere compartir el amor que recibo de alguien que también quiere a otras personas?, ¿por qué los celos me hacen ser tan egoísta?, ¿pueden mis celos coartar la libertad de las personas a las que amo?, ¿pueden mis celos encarcelar injustamente a mis parejas?

¿Cómo enseñar al ego a aceptar las derrotas, a asumir que no siempre podemos ganar, a aceptar que los demás no se dejen aplastar por mi poder?

¿Cómo domar al ego para que deje de desear el mal a las personas que no nos quieren en sus vidas, o que ya no quieren permanecer junto a nosotras?, ¿cómo trabajar nuestra generosidad y nuestra bondad para que nadie sufra por nuestras inseguridades y nuestra envidia?

¿Cómo aplacar el miedo que siente el ego a no ser nada?, ¿cómo aceptar que te digan que no?, ¿cómo dejar de maltratarnos a nosotras mismas y construir una relación bonita con nuestro yo?

¿Cómo me esclaviza el miedo enorme que siente mi ego? El miedo a perder lo que tiene, al abandono, a que me quieran o me dejen de querer, a la soledad...

¿Cómo liberarte del ego para ser más feliz, y para dejar las luchas de poder en las que despilfarramos tanto tiempo, energía y recursos? Pues con humildad y mucha capacidad para la autocrítica amorosa, pero también trabajando mucho tu nivel de autoestima: cuanto más alta está, más baja el ego. Porque cuanto más bonita es nuestra relación con nosotras mismas, menos necesidad de ser superior a los demás y menos necesidad de reconocimiento externo. La humildad nos puede ayudar a entender que nuestro poder siempre es limitado, que no podemos ser las mejores en todo, que no necesitamos machacar a los demás para poder triunfar. También nos puede ayudar a entender que nosotras no tenemos superpoderes y no vamos a cambiar a nadie, ni vamos a conseguir nada que no tenga que ver con nosotras mismas.

La humildad precisamente nos permite aceptar nuestros límites, nos lleva a cuestionarnos para qué queremos triunfar, para qué queremos ganar... y nos ayuda a desarrollar la empatía por los demás y a entender que todas las personas merecemos buenos tratos y amor.

Los seres humanos no necesitamos los aplausos, la admiración y la envidia de los demás. No necesitamos millones de seguidores ni millones de dólares: lo que realmente necesitamos es que nuestra comunidad de gente nos acepte y nos quiera tal y como somos. Esto es difícil de asumir en una sociedad tan ególatra como la nuestra, pero realmente cuando logras trabajar a la Narcisa o el Narciso que hay dentro de ti, lo que encuentras es la liberación.

Si el ego nos lleva siempre a la guerra, lo que podemos hacer es buscar la paz. La paz no es la ausencia de conflictos, obviamente: para poder vivir en paz necesitamos resolver las diferencias y los conflictos sin violencia. Además, también es necesario hacerlo a nivel colectivo: derribar las jerarquías, renunciar a los privilegios y construir relaciones horizontales desde la filosofía de los cuidados.

Los cuidados están entrelazados unos con otros: me cuido a mí misma, cuido a los demás, cuido el hogar en el que vivo y el planeta que me acoge.

CAPÍTULO 3
CÓMO CUIDARTE Y CUIDAR TU RELACIÓN

AMAR ES DISFRUTAR

Esta es una de las claves más importantes para poder disfrutar del amor, cuidarte a ti misma y cuidar tu relación: ahorrarte sufrimiento y ahorrárselo a tu compañero o compañera.

Todas las relaciones humanas son difíciles porque cada cual tiene unas necesidades y apetencias diferentes, y chocan entre sí. También porque somos egoístas, no sabemos negociar y nos gusta demasiado tener el poder, como hemos visto en el anterior capítulo.

El dolor es inevitable en algunos casos, como por ejemplo cuando llega la muerte y nos separa para siempre. Pero en otros nos lo podemos ahorrar: sufrir nos envejece, nos amarga la vida y nos la acorta. Y además, tampoco sirve para nada, no es útil, no hay beneficios ni recompensas por sufrir por amor.

Pero nos machacan todo el tiempo con la idea de que para conseguir lo que queremos hay que pasarlo mal. Y cuesta desmontar esta idea porque está en nuestra cultura: para aprender, para sobrevivir, para ganar un torneo deportivo, para estar guapa, hay que sufrir. Y para que te quieran, claro, hay que sufrir.

¿POR QUÉ SUFRIMOS POR AMOR?

Sufrimos porque el amor de pareja está mitificado: invertimos toneladas de tiempo, energía y recursos en encontrar a nuestra media naranja, y cuando la encontramos, vivimos una enorme decepción.

El mito romántico no tiene nada que ver con la realidad: el amor no es tan perfecto y maravilloso como nos lo cuentan, y la pareja no es la salvación ni la solución a todos nuestros problemas. En algunos casos, además, es la fuente de todos nuestros problemas.

Nos hacen creer que el amor de verdad nunca muere, pero lo cierto es que el amor dura cada vez menos. Nos dicen que seremos felices en pareja, pero lo cierto es que sufrimos mucho: antes, durante y después de la relación.

No sabemos querernos bien, y no tenemos las condiciones necesarias para hacerlo, porque ni en la casa, ni en la escuela ni en los medios nos dan las herramientas que necesitamos para cuidarnos y cuidar a los demás.

Más motivos por los que sufrimos:

- Porque la pareja es una estructura de relación basada en la dominación y la explotación. No se dan las condiciones para amarnos en igualdad y en libertad: las mujeres ni somos iguales ni somos libres.
- Porque tenemos un ego inmenso que nos hace presas de la necesidad de sentirnos especiales y únicas.
- Sufrimos y hacemos sufrir a los demás porque nos hacen creer que amar es poseer, dominar, controlar y abusar.
- Sufrimos y hacemos sufrir porque muchas mujeres fuimos educadas para creer que amar es aguantar, sacrificarse, renunciar y soportar.
- Porque tenemos una tremenda necesidad de sentirnos amadas y un miedo enorme a quedarnos solas, y porque los hombres se aprovechan de esa necesidad y ese miedo.
- Porque nos prometieron que hay recompensa por sufrir, pero después de atravesar el valle de lágrimas nos encontramos con que no hay paraíso, y nos sentimos estafadas.
- Sufrimos y hacemos sufrir porque nos hemos creído que el maltrato, la crueldad, el abuso y la violencia es algo

"normal", que forma parte de la naturaleza humana, que forma parte del amor y que no podemos hacer nada para cambiarlo.

- Porque no nos enseñan a identificar y expresar nuestras emociones, solo aprendemos a reprimirlas para evitar el castigo.
- Sufrimos y hacemos sufrir porque no nos enseñan a usar nuestro poder para beneficio de todo el mundo. Solo sabemos utilizarlo en el nuestro propio.
- Porque no nos enseñan a cuidar nuestras emociones para que no nos arrasen y no arrasen a los demás.
- Porque no sabemos escucharnos, ni comunicarnos ni utilizar el diálogo para llegar a acuerdos: solo sabemos imponer nuestras opiniones para ganar los combates.
- Porque el amor solo puede vivirse en libertad y en condiciones de igualdad.
- Sufrimos y hacemos sufrir porque no nos enseñan a ser honestos ni a confiar en los demás.
- Porque no nos enseñan a comunicarnos ni a resolver nuestros conflictos sin violencia.
- Porque no nos enseñan a querernos y a tratarnos bien.
- Porque hay gente que se beneficia de nuestro sufrimiento, empezando por nuestras parejas sexuales y sentimentales.

En estas condiciones, es difícil aprender a cuidarse a una misma y cuidar a los demás, y es muy pero que muy difícil disfrutar del amor.

¿PARA QUÉ HACEMOS SUFRIR A LOS DEMÁS?

Los niños y niñas de todo el mundo se portan mal para llamar la atención de los seres a los que quieren. Muchos de ellos no reciben la atención suficiente y sufren graves carencias afectivas: pronto se dan cuenta de que, si se portan bien, nadie les hace caso.

Si se portan mal, los adultos al menos les regañan. Muchos aguantan golpes y castigos porque es una forma de contacto con sus progenitores: aunque sea doloroso, es mucho mejor el maltrato que la indiferencia, es mucho mejor la violencia que la nada.

Así que muchos menores saben que para que les dediquen unos minutos lo más efectivo es despertar reacciones emocionales fuertes en sus mamás y papás. Es, a veces, la única manera de que los cuidadores levanten la vista de sus pantallas: provocar en ellos irritación, enojo, rabia o desesperación. Cuanto peor se portan, más atención reciben: no falla.

En realidad, existen formas más efectivas de pedir un abrazo y un rato de atención plena, pero nosotros tampoco sabemos apenas cómo pedir amor y mimos.

En la edad adulta hacemos más o menos lo mismo que hacíamos en la infancia. Nos portamos mal con nuestras parejas, con nuestros colegas de estudio o trabajo, o con amistades y miembros de nuestra familia porque necesitamos tener el control, imponer nuestro poder y sentirnos importantes para ellos.

Sabemos, porque lo aprendimos en la infancia, que despertar reacciones emocionales en los demás, del tipo que sean, nos da mucho poder. El miedo a no ser nadie y el miedo a la indiferencia de los demás nos duele tanto que preferimos que nos odien o nos teman a que no sientan nada por nosotros.

Las personas que nos hacen sufrir lo hacen porque necesitan nuestra atención, porque necesitan sentir que tienen poder sobre nosotras, o porque quieren dejar en nuestra vida una huella imborrable.

A veces les motiva el deseo de poseernos y el miedo a perdernos, otras veces es la envidia, sus complejos, traumas, frustraciones, inseguridades y miedos... La gente se porta mal para que sintamos algo por ellos. No importa si es algo bueno o malo, lo importante es que sea intenso y nos remueva profundamente por dentro.

Las personas que maltratan saben que haciendo daño a sus parejas al final las perderán. Se hacen boicot a sí mismas, pero suele ser porque no encuentran la manera de obtener amor y atención.

También es un tema de poder: necesitan ser obedecidas y sentir que son ellas las que mandan. Durante un tiempo sienten que tienen el control sobre su víctima, y la mayoría machacan sistemáticamente su autoestima para hacerla más vulnerable, más dependiente, y para ocupar un papel central en su vida.

No importa si sus víctimas se rebelan o se someten, si les contradicen o les obedecen: su comportamiento no depende de lo que haga la persona que sufre su violencia. Hagan lo que hagan, el objetivo siempre es provocarles sufrimiento y culpa, para que asuman el castigo como algo inevitable.

Por eso el maltrato no siempre desaparece con el fin de la relación: las personas que hacen sufrir a los demás siguen queriendo ser importantes y tener poder sobre la vida de sus víctimas durante años, o durante toda la vida.

¿POR QUÉ QUEREMOS TENER TANTO PODER?

Nuestras relaciones se basan en el interés propio y en la explotación. Normalmente nos tratan mal las personas que tienen más edad, más fuerza física y más poder. Nosotros, por nuestra parte, abusamos de los de abajo. No está en nuestra naturaleza: es el patriarcado.

Además, la mayoría de la gente idolatra a los pocos que acumulan poder y recursos. Nuestros dioses son tipos que necesitarían diez vidas para poder gastar todo el dinero que tienen. No se les reconoce como hombres violentos, sino como héroes que pasarán a la historia por su capacidad para acaparar riquezas sin límite mientras millones de personas sufren hambre a diario.

El poder es violento: los poderosos se benefician de las necesidades y el sufrimiento de los que menos tienen. Las grandes riquezas no se acumulan solo vendiendo productos, sino recortando salarios y derechos.

Nuestra cultura mitifica a los más acaparadores y violentos. Los medios contribuyen diariamente a normalizar y naturalizar la violencia patriarcal, y a endiosar al macho alfa. La mayor parte de los protagonistas de nuestros relatos son tipos violentos: a unos los etiquetamos como *buenos*, y a otros como *malos*, y el entretenimiento consiste en verlos matarse entre ellos.

Los *superhombres* no utilizan sus conocimientos ni sus habilidades para resolver un problema o para lograr un objetivo; su única arma es la violencia, y esto es lo que aprendemos viendo películas: que la vida es una batalla y que el fin justifica los medios.

El problema con la violencia es que ningún maltratador se reconoce como tal. Nos han vendido la imagen del maltratador típico como un tipo feo, ignorante, monstruoso, loco y despiadado. Pero la realidad es bien diferente: aunque no nos identificamos con los maltratadores, todo el mundo lleva uno dentro. Porque hemos sido educados en la violencia: la sufrimos y la ejercemos desde muy pequeños, contra nosotros y contra los demás.

La mayor parte de las mujeres no reconocemos a la maltratadora que llevamos dentro porque su víctima preferida somos nosotras mismas. A nosotras no se nos permite expresar la rabia, el enfado, la frustración o la ira, así que la volcamos contra nuestro propio yo, de diversas formas: nos autoengañamos, nos autoboicoteamos, nos autolesionamos, enfermamos, nos arrojamos a los brazos del drama y el sufrimiento y permitimos que otros nos maltraten.

Los hombres no solo se maltratan a sí mismos, sino también a los demás. Ellos aprenden a acumular poder y a ejercerlo de forma tiránica para estar siempre en lo alto y no dejarse pisotear por otros hombres. Es la *ley del más fuerte*, unida al *sálvese quien pueda*.

EL AMOR NO DUELE

Otro gran problema es que aún no consideramos violencia al maltrato emocional y psicológico. Primero, porque no se ve a simple vista; segundo, porque está romantizado para que nos creamos que es una demostración de amor.

Muchas mujeres no se ven víctimas de los hombres que las humillan en público y en privado, que hablan de ellas con desprecio, que utilizan la burla y los insultos para quitarles su poder y someterlas.

Aún no se considera violencia la explotación doméstica ni la esclavitud sexual: todavía mucha gente cree que es normal que las mujeres cuiden a los hombres y no reciban lo mismo. También está, en nuestro imaginario colectivo, la idea de que el amor es una guerra y que lo "normal" es dominar y someter, mandar y obedecer, sufrir y hacer sufrir a tu pareja.

No relacionamos la vigilancia y el control, la privación de libertad y los atentados contra la intimidad como violencia, porque nos han hecho creer que intentar controlar a la persona amada es una demostración de amor.

Nos han dicho que *los amores reñidos son los más queridos*, que *los que se pelean se desean*, y que *quien bien te quiere te hará llorar*: así nos han romantizado la violencia machista que sufrimos para que creamos que el maltrato que recibimos forma parte del amor romántico, y que no podemos hacer nada por evitarlo.

Nos han estafado a todas: la ONU ha demostrado que el lugar más peligroso para las personas más vulnerables es precisamente el hogar, el nido de la familia feliz. Las estadísticas sobre violencia de género, violaciones dentro del matrimonio, abuso sexual infantil, maltrato a niños y ancianos, etc. nos demuestran que el mito de la pareja y de la familia feliz es una trampa mortal para miles de mujeres en el mundo. Cada año mueren asesinadas 87.000 mujeres a manos de sus maridos y exmaridos: 137 cada día.

Pero ya nos hemos dado cuenta de que la falta de cuidados, la indiferencia, las mentiras y las infidelidades también son violencia. Antes pensábamos que era *lo normal*, y que nuestro papel en la vida es sufrir, aguantar, soportar y sacrificarnos por amor.

Pero las cosas están cambiando, y poco a poco vamos teniendo claro que cuando una persona nos hace daño y se beneficia de nuestro sufrimiento está ejerciendo violencia contra nosotras.

Ahora sabemos que amar no te condena a sufrir, que el amor no debe ser una experiencia carcelaria, y hemos tomado conciencia de que no podemos seguir educando a nuestras hijas para que sean adictas al mito romántico como nosotras.

Estamos empezando a liberarnos de las relaciones en las que no somos felices o no nos tratan bien, porque sabemos que todas tenemos derecho a disfrutar del sexo, del amor y de la vida. Y somos capaces de detectar mucho más rápidamente el momento en que tenemos que dejar una relación: en cuanto se nos borra la sonrisa de la cara y empezamos a pasarlo mal. Cada una de nosotras necesita su tiempo para llegar a la meta, pero creo que vamos todas en la misma dirección: queremos vivir una buena vida, libre de explotación y sufrimiento.

Ahora que sabemos que tenemos derecho a disfrutar del sexo y del amor, la cuestión es, ¿cómo lograrlo? Haciendo cambios personales y colectivos: las mujeres podremos empezar a disfrutar de las relaciones de pareja el día en que el amor romántico deje de ser un mecanismo de control y sometimiento, y el día en el que dejemos de trabajar gratis para los hombres y podamos construir relaciones de reciprocidad y cuidados mutuos.

Para disfrutar de nuestras relaciones con plenitud, necesitamos autonomía económica, y para ello tiene que llegar el día en el que:

- se elimine la brecha salarial, el despido por embarazo, la temporalidad de los contratos, la precariedad laboral, el suelo pegajoso, el techo de cristal.
- las tierras, los bancos, las empresas, los medios de producción y de comunicación dejen de pertenecer exclusivamente a los hombres.
- las mujeres tengamos los mismos ingresos que los hombres.
- las mujeres tengamos los mismos derechos laborales que los hombres.
- las mujeres nos liberemos de la segunda jornada laboral no remunerada.
- las mujeres y los hombres tengamos el mismo tiempo libre.
- podamos gozar de autonomía económica para elegir con quién queremos estar, y cuánto tiempo queremos estar.

HOMBRES QUE SUFREN... ¿POR AMOR?

A los hombres les educan para que jamás pongan el amor en el centro de sus vidas y para que rechacen todo lo que tenga que ver con las mujeres (la empatía, los afectos, los cuidados, la bondad, la generosidad, la solidaridad).

Les enseñan a competir desde muy pequeños y a ganar todas las batallas. Aprenden muy rápido a despreciar a los fracasados e intentan por todos los medios pertenecer al bando de los vencedores, tanto en su ámbito personal y afectivo como en el espacio público.

Desde niños, los varones construyen su identidad masculina a partir de la negación de todo lo que tiene que ver con la feminidad. Elisabeth Badinter nos cuenta que los hombres aprenden a serlo con tres negaciones: no soy una mujer, no soy un bebé, no soy homosexual. Por eso la peor humillación que puede recibir un niño en el colegio es ser comparado con una niña.

Los niños aprenden pronto a odiar el rosa y a expresar públicamente su desprecio hacia las niñas para diferenciarse de ellas. Para muchos es doloroso, porque las personas que les cuidan y a las que más quieren en su mundo pertenecen al género de los seres inferiores, y esto les crea unas contradicciones y un sufrimiento inmenso del que apenas pueden hablar.

Se pasan toda la infancia rechazando a las niñas, pero cuando las hormonas empiezan a revolucionarse, se acercan a ellas porque les atraen sexualmente. Muchos se defienden del amor porque creen que es una guerra en la que pierde el que se enamora, y tratan de construir sus relaciones separando el amor del sexo.

Los hombres se ven obligados a elegir entre las *mujeres malas* (seres libres que sirven para follar pero de las que jamás hay que enamorarse) y las *mujeres buenas* (mujeres sumisas y cuidadoras, aptas para el matrimonio). Por eso les cuesta tanto vernos como a iguales: en el momento en que nos etiquetan y nos cosifican, es muy complicado que lleguen algún día a vernos como compañeras.

Desde muy pequeños los hombres son obligados a ser policías del género. Lo interiorizan y lo utilizan para mutilarse emocionalmente a sí mismos y entre ellos: las estrategias más eficaces son la burla, los insultos y las humillaciones públicas. Toda esta violencia se genera en su entorno más cercano: son sus propios amigos y compañeros de juegos, y los hombres de su familia, los que presionan todo el tiempo al niño para que se reprima a sí mismo y aprenda a reprimir a los demás.

Contener las lágrimas es lo primero: después tendrá que negar lo que siente hasta que deje de sentir. El modelo ideal de masculinidad es el de un Terminator: un hombre musculoso que ni siente ni padece porque en realidad es una máquina, no un ser humano.

Las máquinas no lloran, no dudan, no son vulnerables: son simplemente robots que asesinan siguiendo órdenes de humanos que tampoco tienen corazón. Este es el ideal de la masculinidad patriarcal: hombres que, para obedecer a los poderosos, matan a otros hombres y se matan a sí mismos.

Ningún hombre nace violento: no está en su ADN, no forma parte de su naturaleza. Tampoco nacen machistas: aprenden a serlo a través de los juguetes, las películas, las canciones, los chistes, los refranes, los cómics, los videojuegos y, sobre todo, a través del porno.

La violencia que aprenden los hombres no solo daña a las personas de su entorno: también les hace sufrir mucho a ellos. Se suicidan tres veces más que las mujeres y viven menos años porque son más tendentes a la autolesión y porque no les enseñamos a cuidarse; les engañamos haciéndoles creer que siempre habrá una mujer dispuesta a encargarse de ellos: primero la mamá y luego la esposa. Y si la esposa se harta, y si la mamá se muere, siempre pueden pagar a mujeres pobres para que se encarguen ellas.

Mutilarse emocionalmente lleva años. La mayor parte de los hombres mutilados tienen muchos problemas para convivir con su pareja e hijos porque para poder formar una familia hay que tener una capacidad enorme para amar, y grandes dosis de empatía, generosidad, paciencia y ternura, que es justo lo que han pasado años evitando para poder convertirse en buenos machos patriarcales.

Los niños aprenden e interiorizan la homofobia, incluso aunque sean homosexuales. Lo primero que tienen que hacer es contener todas las demostraciones de afecto que no se desarrollen alrededor de un gol, y lo segundo es reprimir a los demás para demostrar públicamente y sin descanso su rechazo hacia los hombres homosexuales para no ser comparados con ellos. Forma parte de la construcción de su identidad masculina: para ganar el prestigio de macho, tienen que obligar a los demás machos a comportarse como Dios manda. Y aunque no quieran, se ven obligados a humillar y a reírse de todo aquel que desobedezca la norma, especialmente a los hombres no heterosexuales.

También tienen que reprimir sus demostraciones de afecto hacia las chicas de su entorno porque la única razón por la cual se les permite acercarse a ellas es para tener sexo: el patriarcado pone toda clase de barreras para la amistad y el compañerismo heterosexual, y toda la gente a su alrededor se encarga de recordárselo mediante amenazas constantes: si no te acercas a las mujeres para follar, entonces eres *maricón*.

A los niños varones les educamos para que no confíen en las mujeres: desde muy pequeños les advertimos que son muy malas, interesadas, egoístas, vanidosas, caprichosas, manipuladoras, retorcidas, perversas, narcisistas y traicioneras. Los niños saben que las mejores armas de las mujeres son el sexo y el amor, y que solo podrán salir victoriosos de la guerra si no se enamoran y no caen seducidos bajo sus encantos.

Mujeres buenas hay muy pocas: la mamá, la abuelita y algunas de las mujeres de su familia. Por eso hay hombres que sufren cuando no encuentran a la sustituta de mamá: la princesa rosa generosa, abnegada, bondadosa, sumisa, cuidadora, encantadora y entregada a la causa de hacerlos felices. Sufren sobre todo porque las mamás no les crían para que sean autónomos: la educación patriarcal consiste en hacerles dependientes de los cuidados de una mujer.

Por eso los que no obtienen esos cuidados gratis tienen que pagarlos.

El mito de la *princesa que espera* les hace mucho daño, porque no hay ninguna mujer que se adapte plenamente a esta clase de heroínas patriarcales. Todas las mujeres tenemos pasado, nacemos libres, tenemos nuestros propios afectos, deseos y pasiones. También nos gusta tener el poder, y lo ejercemos desde posiciones de sumisión.

Algunos hombres sufren porque han sido educados para defender su libertad por encima de todo, pero no soportan que sus compañeras gocen de su propia libertad.

Y aquí es donde está la clave de la estafa romántica: la mayoría de los hombres obliga a sus parejas a vivir en monogamia, y fingen que ellos también son monógamos para que el matrimonio parezca una estructura igualitaria. La doble vida de los hombres se sustenta por el pacto de silencio que les permite vivir dos vidas en una: por un lado, la vida del hombre casado y padre respetable de familia, y por otro, la vida del soltero juvenil con numerosas amigas y amantes.

Para poder disfrutar de la doble vida que les regala el patriarcado, los hombres se ven obligados a mentir y engañar a sus parejas, y a todas las mujeres de su vida. No se sienten malas personas porque creen que la mentira es consustancial a su identidad masculina; es decir, creen que es "normal" que un hombre no sea honesto, y lo comprueban a diario en el burdel, donde se encuentran con sus padres, hermanos, tíos, suegros y amigos casados.

"Lo que pasa en el burdel, se queda en el burdel": muchos hombres se encuentran con su suegro y con el marido de su hija en estos espacios de fratría masculina. Todos ellos creen que tienen derecho a acostarse con quienes quieran, gratis o pagando, pero no soportarían que sus parejas oficiales hiciesen lo mismo.

¿Cómo justifica el patriarcado el privilegio de la doble vida? Con la doble moral: la infidelidad masculina les otorga prestigio, la femenina se castiga con crueldad. Una de las principales causas de feminicidio es la infidelidad femenina: nos asesinan incluso en los países en los que ya no es legal matar a la esposa.

Esta doble moral permite a los hombres tener una vida sexual y amorosa diversa. Creen que solo ellos, por haber nacido hombres, tienen derecho a tener amantes y también segundas y terceras familias. En América Latina es un fenómeno común aunque apenas se hable de ello, y muchísimas mujeres y niños viven de las migajas de dinero y tiempo que les dan los hombres casados.

Creo que por esto es tan importante sacar a la luz la doble vida masculina y hablar con los hombres de nuestro entorno sobre ella, pero especialmente con nuestra pareja. No podemos hacer "como que no existe" esta profunda injusticia, porque son millones las mujeres que sufren las infidelidades de sus hombres. Nos tenemos que quitar la venda ya, y explicarles a ellos por qué nosotras no estamos dispuestas a aguantar malos tratos e infidelidades.

Pero... estábamos hablando de cómo sufren los hombres, ¿no? Bien, volvamos a centrarnos en el tema, ¿qué más hace sufrir a los hombres?

No dar la talla en la cama, es decir, sufrir problemas de erección, eyaculación precoz o disfunción sexual. Como toda su vida gira alrededor del falo, si este no funciona, se sienten fracasados. Este problema se agudiza al final de sus vidas, sobre todo cuando dejan de ser los principales proveedores del hogar, porque este rol y su potencia sexual son los pilares sobre los que ha construido su identidad masculina.

Como protectores de la familia, los hombres sufren mucho cuando alguna de las mujeres de su hogar les deshonra. Puede ser su esposa, sus hijas, sus hermanas... Cualquier mujer puede acabar con el prestigio del macho si ejerce su libertad y desafía las normas que establecen que las mujeres son propiedad de los hombres. Por ejemplo, si tienen sexo con un hombre fuera del matrimonio o deshonran a sus padres, estos pueden pegarles una paliza, asesinarlas o echarlas de casa. En muchos países es una práctica común y legal.

Los hombres podrían sufrir menos, y disfrutar más del sexo y del amor, si se atreviesen a cuestionar y desobedecer los mandatos de género, y si lograsen reunir la valentía necesaria para ser ellos mismos. Además, tendrían que bajar las armas y renunciar al uniforme para aniquilar al policía de género que llevan dentro.

No es fácil ir a contracorriente en un mundo que castiga a los disidentes de la masculinidad con tanta violencia: lo saben bien los hombres homosexuales, los hombres pacíficos a los que no les gusta sufrir ni ejercer violencia, los hombres con rasgos o gestos femeninos, los que se niegan a pelearse con otros hombres o a hacer demostraciones de fuerza, los que no necesitan criada ni asistenta, los que no siguen al macho alfa del grupo, los que tienen amigas, los que no le ríen las gracias machistas a los demás, los que no están demostrando constantemente lo insaciable que es su apetito sexual...

Todos los disidentes sufren discriminación, demostraciones públicas de desprecio, maltrato y violencia por parte de otros hombres. El precio que hay que pagar por ser un hombre libre es demasiado alto: la mayoría prefiere obedecer, y a muchos no les queda otro remedio: hay países en los que aún se asesina a hombres disidentes del género o sospechosos de ser homosexuales.

Cualquier hombre que muestre ternura, sensibilidad, afecto o cariño, o cualquier rasgo que se considere característico de las mujeres, se convierte automáticamente en sospechoso, pero ¿qué pasaría si fueran muchos los hombres los que perdiesen el miedo y decidiesen rebelarse ante los mandatos de género y las normas no escritas del patriarcado? ¿Qué ocurriría si todos empezasen a desobedecer?

Que podríamos ponernos a construir un mundo mejor.

¿SE PUEDE DISFRUTAR DEL AMOR?

Una de las claves para poder disfrutar del amor de pareja es liberarse de los patriarcados que nos habitan, desobedecer las normas no escritas y derribar este sistema de creencias que nos lleva a construir relaciones de desigualdad, abuso y dependencia mutua.

El cambio es a la vez individual y colectivo: a medida que vayamos trabajando en este camino para desaprender y para liberarnos, iremos produciendo cambios sociales.

Primero, porque la libertad es contagiosa e influye enormemente en los demás, especialmente en las nuevas generaciones: las personas más jóvenes aprenden a amarse viendo cómo se aman los adultos a su alrededor.

Segundo, porque lo personal es político, y viceversa: los cambios sociales se producen cuando un número considerable de gente cambia a la vez, y cuando las personas necesitan cambiar su mentalidad y comportamiento para adaptarse a los avances de la sociedad en la que viven.

¿Cómo están afrontando los hombres los cambios que están transformando las vidas de las mujeres? Unos se están adaptando y están renunciando a sus privilegios para construir relaciones igualitarias con las mujeres de su vida, otros encuentran bastantes o muchas dificultades, y otros son incapaces de adaptarse. No es tanto la edad, pienso yo, como el miedo. El machismo, como dijo Eduardo Galeano, es el miedo de los hombres a las mujeres sin miedo.

Pese a que las mujeres no pretendemos dominar a los hombres ni hacerles lo mismo que ellos a nosotras, ellos creen que solo tienen dos posibilidades en la vida: o dominar o verse dominados. En realidad les resulta imposible imaginar estructuras de relación que no estén basadas en este eje de dominación-sumisión.

Y no es raro que les resulte tan difícil: nos educan para que respetemos las jerarquías del patriarcado, que nos dice que siempre tendremos arriba gente que nos explota, pero que también siempre tendremos abajo gente a la que explotar.

¿Qué más necesitamos para poder disfrutar del amor, además de una revolución social, económica, política, cultural, sexual y emocional?

- Conocernos mejor y entender la cultura amorosa en la que hemos sido educadas.
- Desmitificar el amor romántico, amar con los pies en la tierra, asumir nuestra responsabilidad afectiva en soledad y con nuestras parejas.
- Aprender a identificar las emociones y gestionarlas para que no nos arrasen ni hagan daño a los demás.
- Aprender a comunicarnos, a tratarnos bien y a resolver conflictos sin violencia.

- Trabajar la autoestima y el ego, hacer mucha autocrítica amorosa y aprender a usar nuestro poder.
- Acabar con la división sexual de los roles, aprender a negociar y a pactar, y repartirnos las tareas domésticas, de cuidados y crianza con equidad.
- Necesitamos herramientas para aprender a querernos y a cuidarnos, y a cuidar nuestras relaciones.
- Aprender cada día para ser mejores personas: nos hacen falta toneladas de humildad, honestidad, empatía, solidaridad y compromiso para poder querernos bien.

Es un trabajo que dura toda la vida, pero también es verdad que va dando sus frutos y que cada logro que alcanzamos, por pequeño que sea, mejora nuestras vidas y las de la gente a nuestro alrededor.

¿Y SI NO SE PUEDE DISFRUTAR DEL AMOR?

A veces ocurre que las relaciones llegan a un punto en el que están muy deterioradas y las negociaciones ya no sirven de nada.

A veces se nos acaba el amor, y no sabemos por qué.

A veces se nos acaba la reciprocidad y lo que sentimos ya no es mutuo.

A veces las cosas cambian tanto que no tienen nada que ver con el principio.

A veces sobrepasamos los límites del respeto mutuo y ya no hay vuelta atrás.

A veces nos hacemos tanto daño que nos es imposible querernos.

A veces la otra persona no está cumpliendo los pactos y no nos está tratando bien, y no tenemos por qué aguantar.

La terapia de pareja puede ayudarnos a cambiar ciertas dinámicas y a tratarnos bien, pero también es importante asumir que el final de una relación no es una derrota, sino una liberación, y que lo primero de todo es tu bienestar y tu salud.

No es fácil separarse, pero puedes hacerlo con cariño, respeto y cuidados, si te sientes cuidada.

Si no te sientes cuidada, ni querida ni bien tratada, y si estás sufriendo, entonces hay que romper rápido. Si estás siendo víctima de malos tratos, puedes pedir ayuda a tu gente para poder hacer el proceso de separación lo más tranquilo y seguro posible.

Si no tienes gente querida cerca, y te sientes mal, pide ayuda en colectivos o asociaciones feministas. No te quedes ahí donde no te tratan bien: recuerda que el amor no debe doler, y que si duele, no es amor.

Recuerda que el amor no es una cárcel, y que si no estás disfrutando, si no te saben querer bien, estás mejor sola que mal acompañada.

Recuerda que tienes derecho a vivir una buena vida, libre de sufrimiento, de explotación y de violencia.

Recuerda que el único amor no es el de pareja: el amor está en todas partes, y sin pareja no te vas a quedar sola.

Recuerda que te mereces ser feliz, y que si estás sufriendo, lo más sensato es que negocies contigo misma la salida de esa relación, y el inicio de tu liberación.

¡Recuerda que somos cada vez más las mujeres que ya no quieren sufrir por amor!

¿Y SI NO ES AMOR, SINO MACHISMO?

Enamorarla sin enamorarte,
fingir que te derrites para que se derrita en tus brazos,
inflar su ego para que se sienta única y especial,
bajarle del cielo a los infiernos cuando a ti te apetezca,
destrozar su autoestima para tenerla bajo tu poder,
tenerla a tus pies para hacer con ella lo que quieras, cuando quieras
no es amor, es violencia machista.
Alternar una de cal y una de arena,
la ternura con la indiferencia,
los besos con las burlas,
los mimos con el desprecio,
los poemas con las palabras hirientes,
los piropos con las puñaladas en el alma

no es amor, es machismo, es violencia.
Responsabilizar a tu pareja de tu bienestar y tu felicidad,
imponer tu modelo de pareja,
imponer tu criterio, tus decisiones y tus deseos,
tomar decisiones que le afectan a ella sin contar con ella,
no escucharla,
machacarla con tus complejos de inferioridad y superioridad
es violencia machista.
Beneficiarte de su sufrimiento y de su miedo al abandono,
desconfiar de ella todo el tiempo,
montar broncas por nada,
hacerle sentir culpable por todo,
hacerte la víctima y chantajearla emocionalmente
no es amor, es maltrato psicológico y emocional,
es violencia machista.
Hacer llorar a tu pareja,
crear dramas para hundir su estado de ánimo,
aprovecharte de su necesidad de ser amada y de su dependencia emocional,
aprovecharte de sus necesidades económicas para tener el poder en tus manos
no es amor, es maltrato machista.
Ridiculizar en público a tu pareja,
hablar mal de ella delante de los demás,
utilizar un tono de desprecio para hablar con ella,
llamarle "loca" cuando protesta,
enfadarte con ella para que sufra,
desaparecer unos días para castigarla
no es amor, es violencia.
Amenazar, insultar y humillar a tu pareja cuando estás enfadado,
cuando sientes miedo,
cuando te sientes impotente, dolido o frustrado,
cuando recibes malas noticias,
cuando estás borracho o drogado
no es amor,
es maltrato,

y es violencia machista.
Exigirle obediencia,
relacionarte en una estructura de dominación y sumisión,
controlar y limitar sus redes sociales y afectivas,
obligarle a ser monógama mientras tú no lo eres,
obligarle a tener relaciones sexuales cuando no le apetece
no es amor, es machismo, es violencia.
Encerrar a tu pareja en la jaula del amor no es amor,
es machismo, y es violencia.
Vigilar y controlar a tu pareja,
limitar su libertad,
disponer y organizar su tiempo libre,
querer ser el centro de su vida,
aislarla de los demás,
violar su intimidad y su privacidad
no es amor,
es maltrato y violencia machista.
Beneficiarte económicamente de tu pareja sin aportar nada,
arruinar sus momentos felices montando alguna escena,
ocultar información y mentir constantemente a tu pareja,
intentar despertar sus celos para que sufra por ti,
disfrutar con su sufrimiento,
utilizarla y manipularla para sentirte poderoso,
darle y quitarle tu amor cuando te convenga,
aparecer y desaparecer por arte de magia
no es amor,
es violencia machista.

AMAR ES CUIDAR

APRENDIENDO A CUIDARME

Las mujeres somos educadas para cuidar, pero no se nos educa para ser autónomas ni para aprender a cuidarnos. Como nuestro rol es ser mujeres entregadas a los demás, se nos pide que nos olvidemos de nuestro bienestar, de nuestros deseos, de nuestros sueños y nuestros proyectos, y nos volquemos en hacer feliz a la persona que nos elija para ser su esposa.

La publicidad nos hace creer que cuidarnos es mantener la línea y desvivirnos por mejorar nuestro aspecto físico, pero la realidad es que cuidarnos a nosotras mismas es asumir la enorme responsabilidad que tenemos cada una de nosotras ante nuestro bienestar y felicidad.

Para cuidar nuestra salud mental y emocional no solo hay que curarse las heridas de la infancia, sino también cuidarnos en el día a día, especialmente en las relaciones, que son una de las principales fuentes de sufrimiento de los seres humanos.

Esta es una de las principales normas del autocuidado: cuidar nuestras relaciones amorosas con los demás y alejarnos de las relaciones que nos hacen sufrir, nos someten a explotación o abuso o nos amargan la existencia.

Para poder dejar estas relaciones, tenemos que asumir la responsabilidad que tenemos sobre nuestro bienestar y priorizar este por encima de nuestra necesidad de tener pareja.

Otro de los pilares del autocuidado es el trabajo que estamos haciendo para alcanzar la autonomía económica y emocional. En algunos países estamos logrando que los gobiernos tomen medidas para acabar con la pobreza, el desempleo femenino, la precariedad laboral, la brecha salarial entre hombres y mujeres, y la explotación laboral, doméstica, sexual y reproductiva de las mujeres.

Pero lo más difícil sin duda va a ser alcanzar la autonomía emocional, porque las mujeres somos educadas para la dependencia y sufrimos una gran presión social y familiar para que pongamos el amor romántico en el centro de nuestras vidas.

Sabemos que para vivir bien necesitamos ahorrarnos el sufrimiento romántico, pero el bombardeo mediático del mito es durísimo, y lo sufrimos a diario: hay que estar muy despierta, muy lúcida y muy fuerte para no sucumbir a las falsas promesas del paraíso romántico y para que el amor no nos ponga de rodillas.

Cuando nos emparejamos, casi todas las mujeres sufrimos una enorme decepción. Le pedimos al amor que dé sentido a nuestras vidas, que nos haga sentir plenas y realizadas, que nos colme de felicidad.

Ellos no le piden tanto al amor.

Lo pensamos y lo soñamos de formas diferentes.

A ninguna de nosotras se nos habla del trabajo gratis que vamos a hacer. Nos vemos como reinas y resulta que muchas acabamos de sirvientas. Y es entonces cuando nos preguntamos: ¿cómo he llegado hasta aquí?, ¿quién me hizo creer que esto era la felicidad?

Muchas creen que no han tenido suerte y se deprimen. Pero no se trata de un problema personal, sino colectivo: son millones las mujeres que no han tenido *suerte* en el amor, sencillamente porque el amor es una estafa.

La buena noticia es que se puede salir de la cárcel del amor: podemos trabajar la dependencia emocional, desmitificar el romanticismo, utilizar nuestro sentido común; podemos ser más realistas y más prácticas, y aprender a cuidarnos para que no abusen de nosotras ni nos sometan.

Además, podemos romper con la idea de que solo vamos a encontrar el amor en el príncipe azul. No es tan difícil entender que, con o sin pareja, estamos rodeadas de amor, porque está en todas partes, y en todas las relaciones que tenemos en nuestras vidas.

Cuidarse a una misma supone, entonces, alimentar y nutrir nuestras redes afectivas para vivir rodeadas de amor, y para cuidar a la gente que nos cuida. Cuanto más amplias son estas redes, más divertida y fácil es la vida, y menos solas, vulnerables y dependientes somos.

Cuidarse, entonces, es un acto político de primer orden: yo me cuido para cuidar a mi gente, para recibir cuidados de los demás, para cuidar mi hogar, mis espacios, los seres vivos que me rodean y el planeta que habito.

Cuido para ser cuidada, para dar y recibir amor, cuido para evitar el sufrimiento de los demás, cuido para disfrutar y para que muchas más generaciones puedan disfrutar de la vida en la Tierra.

Los cuidados son políticos, los afectos también son políticos. El amor hay que construirlo y hay que cuidarlo, y sabemos que, para poder disfrutar, tenemos que poder amar en libertad y en igualdad.

¿Y cómo construimos relaciones igualitarias? En primer lugar, tenemos que revisarnos los patriarcados que nos habitan, entender cómo los aprendimos y los interiorizamos. Y en segundo lugar, aprender a negociar para firmar contratos con condiciones justas.

Una de las consecuencias de tener el patriarcado dentro es que las mujeres tenemos la autoestima muy baja y no somos capaces de valorarnos a nosotras mismas. Nos cuesta defendernos de la explotación y la violencia de los demás, porque nos han hecho creer que amar implica sufrir.

Nos cuesta mucho identificar qué es lo que queremos nosotras, y expresarlo sin miedo: es muy importante que podamos decir en voz alta qué es lo que no queremos, qué es lo que necesitamos.

También es importante para nosotras aprender a decir "no" y a poner límites a los demás.

Una vez que llegamos a acuerdos con nosotras mismas para ver cómo vamos a cuidarnos, luego tenemos que aprender a negociar y a elaborar pactos.

Y este es el orden:

Primero, pactos con nosotras mismas para cuidarnos.

Segundo, pactos que nos permitan querernos bien con las personas con las que queremos compartir nuestra vida.

Esto exige no solo responsabilidad afectiva hacia nuestro propio yo, sino también un grado altísimo de compromiso con nosotras mismas, con nuestros derechos, nuestra libertad y nuestro bienestar.

Cuando yo me libero, ayudo a muchas más mujeres a liberarse también: es un proceso contagioso que empieza precisamente por entrenar en las artes del autocuidado: si me quiero, me cuido, y no permito que nadie se aproveche de mí ni me haga daño.

¿Cómo se aprovechan de nosotras los demás? Las mujeres de todo el mundo sufren explotación doméstica (maridos), laboral (empresarios), sexual y reproductiva (maridos, dueños de clínicas de gestación subrogada, proxenetas y puteros, traficantes de personas migrantes).

En casi todos los casos nos disfrazan la explotación como un acto de amor: amor al marido, amor al jefe y al trabajo que haces, amor a los ricos que no pueden tener hijos, amor al hombre feo que no puede tener relaciones sexuales, o al hombre con discapacidades que necesita asistencia sexual...

Nos piden que cuidemos a los demás, gratis o pagando, y nos preocupemos de las necesidades y satisfacciones de los demás, poniendo nuestro cuerpo, nuestro culo, nuestra vulva, nuestro útero, nuestra boca, nuestra energía y nuestra dignidad al servicio de los que lo necesiten y puedan pagarlo.

Y es que no solo los hombres, también el resto de la sociedad se beneficia de la explotación emocional de las mujeres, en base a su rol de cuidadoras entregadas que priorizan las necesidades de los demás por encima de las suyas. Queremos que lo hagan con una sonrisa, y en el caso de los niños y niñas, queremos además que los cuiden con amor, a cambio de salarios de miseria.

Las mujeres no obtenemos nada a cambio: los cuidados no generan solidaridad en los demás, los damos a fondo perdido, sin reconocimiento, sin remuneración y sin obtener apenas agradecimiento. Excepto el Día de la Madre en el que nos regalan flores, bombones, ollas y sartenes. Pero incluso ese día, las madres tienen que trabajar para preparar la celebración familiar: de verdad que no compensa.

Lo llaman amor, decía Silvia Federici, pero es trabajo gratis. Un trabajo que sostiene el sistema capitalista: los hombres no podrían acumular tanta riqueza si las mujeres cobrásemos por la cantidad de horas que dedicamos a cuidar del hogar y de los miembros de la familia dependientes.

Todos los días, mujeres y niñas de todo el mundo pasan 12 millones de horas cuidando a niños y personas mayores, y haciendo trabajo doméstico. Si ese trabajo se pagara de acuerdo con el salario mínimo de los respectivos países, la suma sería de más de 11 billones de dólares al año, según el estudio que realizó Oxfam Intermón "Tiempo para el cuidado" de 2019.

El sistema capitalista permitió en el siglo XX que algunas mujeres pudieran abandonar los cuidados para entrar en el mercado laboral, con la promesa de tener un salario que les diera autonomía económica. Fue una estafa: entrar en el mercado laboral nos condenó a tener dos jornadas laborales y cero tiempo libre, porque los hombres no asumieron su responsabilidad ni sus obligaciones dentro del hogar.

Ninguna mujer puede ser feliz en una relación en la que se sienta estafada, engañada o explotada. Así que para poder disfrutar del amor, las mujeres tenemos que recibir el mismo amor y los mismos cuidados que brindamos a nuestra pareja. No hay otra.

Una de las principales líneas rojas de la negociación en pareja es la reciprocidad: los cuidados deben ser mutuos.

Las mujeres ya estamos cambiando, estamos haciendo un trabajo enorme. Ya no pueden hacer nada para frenarnos: estamos hartas de trabajar gratis, de sufrir por amor, de ser complacientes y serviles, de dar sin recibir nada a cambio.

Ya no queremos ser esclavas del amor, sabemos que merecemos los mismos cuidados que damos. Ya no buscamos el príncipe azul, lo que queremos son compañeros.

¿Y DÓNDE ENCUENTRO UN HOMBRE COMPAÑERO?

Este es uno de los puntos más complicados de la revolución amorosa que estamos llevando a cabo las mujeres que ya no sufrimos por amor. Porque cada vez somos más exigentes y selectivas, y no encontramos compañeros con nivel suficiente para poder construir una historia de amor.

Siendo realistas, el panorama es desolador.

Nosotras buscamos hombres autónomos que sepan cuidarse, cuidar sus emociones y cuidar a los demás, que sepan comunicarse y desnudarse, que sean honestos, que nos traten como a iguales, que hagan lo que dicen y que sean compañeros responsables y comprometidos.

Y lo que hay en realidad lo podemos ver en las cifras en las que ellos baten todos los récords.

Los hombres viven menos años que las mujeres porque les han hecho creer que poner en riesgo su vida les da puntos para el carnet de macho. Por eso mueren tantos desafiando los límites de velocidad en las carreteras, participando en peleas callejeras y asumiendo retos absurdos para demostrar su virilidad. Muchos se juegan la vida porque se sienten obligados a demostrar su valentía, y porque disfrutan provocando admiración y envidia en sus compañeros.

Los hombres enferman y mueren más por abuso de alcohol y drogas, conductas sexuales de riesgo y falta de cuidados hacia sí mismos. Les cuesta pedir ayuda cuando lo necesitan, les cuesta ir al médico, les cuesta reconocer que están deprimidos o les faltan ganas de vivir; por eso tardan más en tener el diagnóstico de enfermedades como el cáncer, y se suicidan el doble que las mujeres: de cada tres suicidios, dos los cometen los hombres.

Una de las demostraciones de virilidad más comunes es el desprecio por la vida de uno mismo, y la vida de los demás. En nuestra cultura patriarcal, nuestros principales héroes son seres violentos que no solo matan, también se autodestruyen. Y cuanto más sufren en su propia aniquilación, más puntos ganan y más admiración despiertan.

En América Latina uno de cada cinco hombres no llega a la edad adulta, según el Informe "Masculinidades y salud en la región de las Américas", de la Organización Panamericana de la Salud de 2019. Los hombres mueren debido principalmente a afecciones cardiovasculares, violencia interpersonal y accidentes de tráfico.

No solo ejercen violencia sobre ellos mismos, sino también contra los demás hombres: la violencia que sufren los hombres es cometida por hombres, y ellos son los que llenan las cárceles: representan el 90% de la población reclusa.

Esto nos permite ver que la educación machista que les estamos dando a los hombres es una catástrofe no solo para ellos, sino para todos los seres vivos de este planeta. Es urgente acabar con esta educación patriarcal y sustituirla por la filosofía de los cuidados.

¿Cómo es posible que en pleno siglo XXI sigamos educando a los niños para que maten y a las niñas para que cuiden? En la televisión, en la publicidad, en la escuela, en las *app*, en los videojuegos... el patriarcado nos educa para que creamos que la vida, el amor, los afectos y los cuidados son cosa de mujeres, y que la violencia y la muerte son cosa de hombres.

Si no entendéis lo que estoy diciendo, echadle valor y entrad en una juguetería, que divide la tienda en dos realidades paralelas. Para ellos, tanques, soldados, helicópteros, guerreros, espadas, metralletas, pistolas, buques de guerra y superhéroes. Para ellas, bebés de plástico, mascotas de peluche, Barbies *sexys*, kits de enfermeras, de limpieza del hogar y de belleza.

Así nos educaron, y así seguimos educando a las nuevas generaciones: las niñas a cuidar y a estar guapas. Los niños a pelear, a dominar y a matar: sus héroes pueden ser buenos o malos, pero todos utilizan la violencia para conseguir lo que quieren, lo que desean o necesitan.

El mensaje es constante y diario: usa tu poder para machacar y explotar a los demás, usa la violencia para resolver tus problemas, tú eres el rey y en tu casa mandas tú...

Las niñas de rosa, los niños de azul.

Las niñas no se enfadan, los niños no lloran.

Las niñas son cursis y débiles, los niños son fuertes y rudos.

Las niñas son narcisistas, los niños autoritarios.

Las niñas son inferiores, los niños son superiores.

Las niñas y los niños no pueden ser amigos.

Las niñas no pueden jugar al fútbol, los niños no pueden jugar con muñecas.

Las niñas tienen que estar guapas, los niños tienen que esconder su fragilidad.

Las niñas no se besan entre ellas, los niños no se besan entre ellos (a no ser que alguno meta un gol).

El feminismo está luchando por romper con estos roles y estereotipos de género que nos dicen cómo debe ser una mujer, como debe ser un hombre y cómo debemos relacionarnos entre nosotros. Para derribar el patriarcado hay que desmontar las jerarquías que nos sitúan a unos encima y a otras abajo: necesitamos una revolución cultural que nos permita desmontar todos los mitos y creencias que nos venden a través de los relatos.

También la publicidad y los medios de comunicación tienen que dejar de enviar los mismos mensajes que hace un siglo: el mundo está cambiando vertiginosamente y, aunque estamos avanzando mucho a nivel tecnológico, seguimos contándonos las mismas historias, con el objetivo de que nada cambie.

¿Entonces? Los hombres tienen que volcarse en su propio proceso de transformación. Y nosotras no podemos quedarnos sentadas a esperar. Hay muy pocos hombres capaces de hacer autocrítica amorosa, muy pocos que hayan empezado a identificar y trabajar sus patriarcados. Les vendría muy bien para curar las heridas de la infancia, para aprender a usar su poder, para empezar a cuidarse y a cuidar, para recuperar la capacidad de sentir, para entrenar el arte de la empatía y la solidaridad, para mejorar sus relaciones, para identificar sus emociones y a expresarlas sin hacer daño a nadie.

El problema es que no lo necesitan. ¿Para qué cambiar su forma de ser y de relacionarse cuando les va tan bien? Ninguno de ellos tiene necesidad alguna de cambiar nada: están a gusto, tienen privilegios, reciben cuidados, ¿por qué cambiar si viven como reyes?

Lo más difícil para la mayoría, sin duda, es identificar los privilegios y renunciar a ellos. Pero ¿a cuántos de ellos les apetece analizar cómo se han beneficiado y se benefician de las relaciones que sostienen con las mujeres de su vida? ¿Cómo tratan y qué cuidados han recibido de las mujeres de su entorno?

La clave de todo su trabajo está en tratar de equilibrar los cuidados que reciben y los que dan, y en aprender a cuidarse a sí mismos. Pero la mayoría sigue pensando que cuidar es cosa de mujeres, y que para eso hemos venido al mundo. Saben que con un poquito de discurso romántico pueden tener varias siervas a su disposición. Saben que en su vejez tendrán a una mujer dándolo todo por ellos, aunque se porten muy mal con ellas.

Los hombres han sido siempre los principales proveedores de recursos del hogar: para muchos de ellos, llevar dinero a casa era la única responsabilidad que tenían. Todo lo demás lo hacían las mujeres. Ahora que las mujeres también llevamos dinero a casa, ¿es justo que sigamos cargando con todo?

Obviamente no, pero qué complicado es encontrar un hombre que pueda hablar de ello sin sentirse atacado y con capacidad para entender que ya no pueden seguir defendiendo sus privilegios. Nosotras no podemos pedirles que lo hagan, porque tiene que salir de ellos. No podemos llevar al alcohólico a terapia: tiene que llegar a ella de manera voluntaria. No podemos curar al ludópata, ni al adicto a las drogas ni al hombre inmaduro. Esta es una de las trampas con las que nos esclavizan sentimentalmente: la idea de que nuestro amor les hará cambiar.

Lo que sí podríamos hacer es dejar de idealizarles y de quererles. Podemos dejar de sostener sus privilegios y de sacrificarnos por ellos. Podemos ser muy selectivas a la hora de elegir pareja, y podemos alejar de nosotras a cualquier hombre que quiera recibir cuidados sin darlos.

¿Qué pasaría si de pronto un día se encuentran con que el mundo se ha llenado de mujeres que ya no quieren sufrir por amor, ni están dispuestas a autoengañarse con la farsa de la monogamia, ni a servir o trabajar gratis, ni tengan ganas de aguantar o soportar ni quieran hacer ningún tipo de sacrificio?

Ese día puede que los hombres se vean en la necesidad de hacer algo y empiecen a plantearse los cambios para poder adaptarse al nuevo mundo.

CUIDAR MI RELACIÓN

Si la clave de todo está en los cuidados, ¿tenemos claro qué es cuidar nuestras relaciones?

Cuidar es:

- ser una persona honesta;
- relacionarse desde la empatía y la ternura con los demás;
- escuchar, dedicar tiempo y atención plena a la gente a la que quieres;
- cumplir los pactos y los acuerdos de una relación;
- relacionarse con sinceridad y transparencia;
- mantener la coherencia entre tu discurso y tu comportamiento;

- tratar con cariño el corazón de las personas con las que te relacionas;
- portarte bien y tratar de no hacer sufrir a nadie;
- controlar tu mal humor, tu frustración, tu dolor, tu impotencia, tu malestar, tu enojo y todas tus emociones negativas para que no hagan daño a nadie;
- preocuparse y ocuparse del bienestar de tu pareja y de todos los miembros de la familia dependientes;
- mantener un hogar limpio y ordenado, caliente y seguro;
- garantizar a todos los miembros de tu familia las tres comidas básicas del día;
- regar las plantas, y alimentar y limpiar a las mascotas;
- preocuparse por el estado de ánimo de tu familia, por su salud mental y emocional;
- organizar y administrar los recursos comunes;
- dedicar tiempo a la vida social y familiar;
- planificar los eventos familiares;
- organizar las visitas médicas y las medicinas;
- demostrar a tus hijos e hijas amor cada día, brindarles atención y tiempo de calidad, ayudarles a madurar y apoyarles en sus estudios;
- brindar a los demás las herramientas para que sean personas autónomas y puedan desenvolverse en la vida;
- hacerle la vida más fácil y más bonita a los demás;
- asumir que hay que dedicar tiempo y espacio a los cuidados propios y los colectivos.

Cuidar es un acto político: nos cuidamos para resistir ante un sistema injusto, cruel, desigual, que crea muchísima miseria y sufrimiento.

Todos somos responsables de nuestro cuidado y del cuidado del planeta que habitamos. No es *nuestro* planeta: estamos de invitados.

No podemos sobrevivir sin recibir cuidados. Y no podemos cargar los cuidados en los hombros de las mujeres pobres del planeta. No es justo que ellas sostengan todo el sistema para que las demás puedan dedicarse a otras cosas.

Los cuidados tienen que ser el centro de nuestra existencia, porque pasamos dos tercios de nuestras vidas siendo cuidados por nuestros familiares, tanto en la infancia y la adolescencia como en la vejez. Y también en muchos momentos de nuestras vidas: cuando enfermamos, cuando sufrimos accidentes, cuando nos quedamos sin ingresos, cuando nos viene una crisis... Todos los necesitamos, y por lo tanto, tenemos el deber de ofrecer nuestros cuidados a los demás a lo largo de nuestras vidas.

Lo que no podemos es adoptar la actitud de los hombres: yo no cuido a nadie, yo me gasto mi dinero en sustitutas y así me libero de las tareas más duras.

Si ellos no cuidan y nosotras tampoco, ¿quién cuida entonces?

Poner en el centro los cuidados supone que sean compartidos por todos los miembros de la familia y de la comunidad: si todos les dedicáramos unas cuantas horas a la semana, podríamos acabar con la explotación femenina. Pero para eso, los hombres tendrían que asumir sus responsabilidades como compañeros, padres, hijos y ciudadanos.

Para poder participar en los cuidados compartidos necesitamos ingresos y tiempo: nuestras jornadas laborales no nos permiten cuidar a nuestra gente querida. Por lo tanto, hace falta un cambio radical en nuestras formas de organizarnos, de producir y de consumir.

¿Y qué hacemos mientras cambiamos la economía y la sociedad? Trabajar lo personal, porque la suma de los cambios individuales es la que hace posible los cambios colectivos.

HERRAMIENTAS

Para poder disfrutar del amor hay que cuidarlo, y para cuidarlo, hay que ser generosa o generoso y sacar todo el amor del bueno que tenemos cada uno dentro.

¿Cuándo sé si el amor que le doy y que recibo de mi pareja es amor del bueno?

Es *amor del bueno* si:

- No le corta las alas a tu pareja.
- Es mutuo y recíproco.
- Hay apoyo mutuo y compañerismo.
- Sientes que saca lo mejor de ti.
- Estás aquí y ahora, escuchas con amor y atención plena, te preocupas por tu gente y estás presente.
- Sientes que puedes ser tú misma, que tu pareja también puede serlo, y ambos sentís que podéis crecer y evolucionar juntos.
- Los dos tenéis las mismas ganas y le ponéis la misma energía.
- Los cuidados son el centro de vuestra relación.
- Eres leal a ti misma, asumes la responsabilidad afectiva y el compromiso contigo misma y con tus relaciones.
- Podéis negociar en igualdad de condiciones, tenéis los mismos derechos y no hay privilegios.
- Respetáis los pactos y los acuerdos.
- Te relacionas desde la honestidad y la confianza.
- Eres cómplice de tu pareja, le tratas de igual a igual y no le ocultas información.
- Tus sentimientos no te aíslan y no aíslan a tu pareja de sus seres queridos.
- No sufres ni lloras, no sientes angustia ni dolor y puedes disfrutar del amor.
- Aprendes a usar tu poder no solo en beneficio propio, sino para que tu pareja tenga una vida mejor.
- Cuidas tus emociones y no las usas contra tu pareja ni contra tus seres queridos.
- Tu miedo y tus inseguridades no afectan a la otra persona porque te los trabajas y los cuidas.
- Te relacionas desde la empatía, la ternura, el respeto y la solidaridad.
- Te escuchan con amor y atención, y tú haces lo mismo.
- Eres capaz de expresar tu enfado sin hacer daño a la otra persona.

- Eres capaz de tratar bien a tu pareja en momentos difíciles y en cualquier circunstancia.
- No tenéis que renunciar a vuestras pasiones y afectos.
- La relación no te exige sacrificios.
- Te trabajas tus celos, tu baja autoestima y tu necesidad de dominar a tu pareja, y viceversa.
- Amas tu libertad y la de tu pareja, y ambos tenéis vuestros tiempos y espacios propios.
- Tus traumas y tus carencias no hacen sufrir a los demás, y cada cual se responsabiliza y se compromete con su bienestar y felicidad.
- No hay dependencia, no te sientes necesitada ni atrapada y mantienes intactas tus alas para volar.
- La relación está basada en el placer y el disfrute, te diviertes y te sientes de maravilla a su lado.
- Los dos cuidáis la relación para que siga viva y crezca, y dais lo mejor para que funcione.
- Se acaba la relación y sois capaces de trataros bien y cuidaros hasta el final.

1. HERRAMIENTAS PARA CUIDARME A MÍ MISMA

Aquí comparto con vosotras lo que he aprendido yo intentando cuidarme la cabeza y el corazón.

Cuidarme es ahorrarme sufrimiento innecesario y tomar decisiones para poder vivir una buena vida.

Es cuidar mucho mis relaciones: elegir a la gente que me acompaña en la vida, alejarme de la gente que no me sabe querer bien, conocer gente nueva y construir nuevas relaciones, y dedicar tiempo a mi gente querida.

Es cortar una relación familiar que nos hace mucho daño si no hay manera de trabajarla. Significa, también, poder cortar una relación de pareja en la que no somos felices ni nos estamos divirtiendo.

Es poder exigir a todo el mundo, en todo momento, que te traten bien, que te hablen desde el respeto, que se dirijan a ti con el tono adecuado, y que sea así incluso en los momentos en los que hay tensión, discusiones, conflictos y problemas.

Cuidarme a mí misma significa ir hacia el amor sin miedo, pero con prudencia. Para poder disfrutar de un romance, no podemos lanzarnos al vacío desde un avión: hay que llevar nuestro casco, nuestro paracaídas, nuestro GPS para no perdernos al aterrizar. Hay que pensar en el vuelo desde el principio hasta el final, para poder disfrutarlo sin correr peligro.

Es confiar en mi instinto, leer las señales, estar despierta y tener los pies en la tierra.

Cuidarme significa escuchar a mis amigas y a mi gente cuando me dicen cosas importantes. Escuchar su opinión y sus consejos, y tomarlos en cuenta, porque a veces nosotras no queremos, o no podemos, ver la realidad y necesitamos que alguien nos ayude a ver lo que no queremos más.

Es hacer cosas que me gustan, estar con gente que me hace feliz, darme homenajes, darme permiso para hacerme regalos o para atreverme a hacer algo que tengo muchas ganas de hacer.

Es habilitar las condiciones para vivir tranquila, para gozar de cierta calma y paz interior y para gestionar mis emociones para que no me arrasen.

Cuidarme significa dormir bien, comer bien y descansar lo que necesito. También es poder disfrutar de tu espacio, sentirte segura y tranquila en tu cueva.

Es poder expresar las emociones sin miedo, poder decir cómo te sientes, lo que quieres y necesitas sin culpa.

Es escucharme a mí misma con amor, darme buenos consejos, hablar mucho conmigo, y trabajar para que nuestras vidas sean más fáciles y más bonitas.

Es tomar buenas decisiones, tomar acción, trabajarme todo aquello que me tengo que trabajar para estar mejor.

Es sanar las heridas para que quede atrás el pasado, pedir ayuda profesional cuando necesite profundizar en nuestros dolores, heridas y miedos.

Es crecer como persona, desarrollarme, evolucionar, no dejar de aprender nunca, no dejar de alimentarme de nuevos conocimientos y nuevas experiencias.

Es tomar conciencia de lo corta que es la vida y lo importante que es estar bien para poder disfrutarla.

Es aprender a decir "no", poner límites a los demás, priorizar mi cuidado y bienestar.

Es tener tiempo para mí misma sin sentirme culpable, tener un espacio propio para pensar, para hacer lo que más me gusta, para ver a mi gente querida o para estar a solas conmigo misma cuando lo necesito.

Es dejarme cuidar y querer por mi gente cuando lo necesito.

Es aprender a decir que no y a ser asertiva.

Es aprender a gestionar mis emociones para que no me arrasen y no arrasen a los demás.

Es evitar el autoengaño y ser realista, utilizar el sentido común y tomar decisiones pensando en lo que es bueno para mí, lo que yo realmente necesito, quiero y deseo.

Es construir una relación hermosa conmigo misma, para sentirme unida a mí y para sentirme acompañada siempre.

Es terminar en su momento justo las relaciones en las que no hay reciprocidad, o no hay ganas o, simplemente, no hay condiciones para quererse bien.

Es abandonar las relaciones en las que sufro malos tratos, abuso o explotación.

Es aprender a escucharme con atención, mirarme con amor en el espejo, echarme una sonrisa, guiñarme un ojo y convertirme en mi cómplice para afrontar las batallas de la vida.

Es felicitarme por los pequeños y los grandes logros que hago para ser mejor persona y para hacer más felices a los demás, sentirme orgullosa de mí misma y animarme a seguir trabajando para vivir una buena vida.

2. HERRAMIENTAS PARA LOS CUIDADOS EN PAREJA

Cuando llega la separación en una relación de pareja, hay que cuidarse mucho y cuidar a la otra persona. Al dejar de amar a alguien, no dejamos de quererlo y de preocuparnos por su bienestar y su salud. Algunos consejos para quererse bien mientras nos separamos:

Cuando llega el desamor y una relación se acaba, ayuda mucho todo el trabajo que estamos haciendo desde el feminismo con las emociones y el autocuidado. Esas mismas herramientas pueden ayudarnos mucho a separarnos con amor, y a cuidarnos mucho a nosotras mismas: podemos construir una ética amorosa que nos permita romper nuestras relaciones intentando no empezar una guerra, no sufrir y no hacer daño a la otra persona.

Una de las claves para cuidarnos cuando nos separamos es ser valiente y honesta. Hay que hablar mucho sobre cómo nos sentimos. El primer paso es sentarse a hablar con una misma y decirse en voz alta lo que está pasando: "Me estoy desenamorando, ya no siento lo mismo de antes, ya no quiero seguir con él/ella".

Aceptar es una de las claves para poder separarnos bien: hay que ser muy realista, muy humilde y muy generosa, y hay que trabajarse mucho el ego. La aceptación con respecto a una separación llega cuando asumimos que se acabó la historia. Con la aceptación empieza el duelo, y desde ahí nos es más fácil ser generosas y dejar marchar a la otra persona de nuestro lado.

Es maravilloso cuando podemos llegar a desear a nuestro ex lo mejor en la nueva etapa que comienza: se abre ante nosotras un nuevo horizonte, una nueva vida con nuevos afectos y con nuevas experiencias y aprendizajes. Es fascinante que ambos podamos dejar el pasado atrás, vivir varias vidas y tenernos para siempre en el recuerdo.

Aceptar que ya no estamos enamoradas no es nada fácil. Aceptar que ya no nos quieren es también muy difícil, y muchas nos resistimos con uñas y dientes, pensando que lo último que se pierde es la esperanza.

Cuanto más nos resistimos, más duele el desamor. Algunas recurrimos al autoengaño (volverá, esto es un mal sueño, en el fondo me ama, se dará cuenta de lo equivocado que está) y nos aferramos a un clavo ardiendo. Inevitablemente soñamos con el milagro romántico, el final feliz que vemos en las películas, ese momento en el que sucede algo mágico y por fin él se da cuenta de lo maravillosa que es ella, lo ciego que estaba y lo mucho que la ama. Una vez que dejas de soñar con el milagro (cuando la otra persona te deja claro que ya no quiere seguir y no hay vuelta atrás, y cuando por fin escuchas lo que te están diciendo), aceptas lo que te está pasando. Viene el segundo paso, que es mucho más difícil todavía: decirle al otro/a cómo te sientes. Cuesta mucho, porque si es la otra persona la que se quiere ir, sabes que lo vas a pasar mal. Pero si eres tú la que quieres deshacer el lazo que os une, no quieres hacerle daño, te sientes una traidora y te come la culpabilidad: prometiste que le querrías y le amarías para siempre. Estás fallando, estás demostrando que no puedes cumplir una promesa, y no sabes ni por qué te está pasando.

Cuanto más tiempo tardamos en sentarnos a hablar con la pareja, peor. Cuando llega el desenamoramiento nuestro comportamiento cambia, y las vibraciones cambian: nuestra infelicidad, nuestra culpabilidad y nuestra desgana se palpa en el ambiente. La otra persona se empieza a dar cuenta y empiezan las preguntas, las excusas, las sospechas, las mentiras, la confusión y la incertidumbre, los miedos, los reproches, las peleas, el victimismo, las posiciones defensivas, los ataques para provocar reacciones, las llamadas de atención (trágicas o agresivas), las luchas de poder y las guerras... que aceleran el desamor y nos hacen sufrir mucho.

Tardamos tanto en dar el paso porque no nos han enseñado a separarnos bien, a cerrar las historias con cariño. Creemos que, cuando llega el momento de separarse, toca vivir una escena dramática llena de insultos, reproches, reclamos, amenazas, chantajes y cosas que se dicen en momentos de dolor para hacer daño a la otra persona. La mayor parte de las veces iniciamos una guerra por inercia, creyendo que *lo normal* es odiar a quien ya no te ama.

Si sigue pasando el tiempo y no te has sincerado, te sientes todavía más culpable y te comen los miedos, los remordimientos y las angustias, que al principio son solo tuyas, y después son compartidas. Cuanto más disimulas, peor te sientes, y si tu pareja te pide que seas sincera y no lo eres, entonces empieza el infierno.

Hay gente que lleva su cobardía al extremo y se lo monta muy mal: por ejemplo, aquellos que eligen portarse mal con su pareja para que sea la otra persona la que dé el paso y rompa la relación. Es común en los hombres porque tienen más dificultades para decir lo que sienten, y porque generalmente las mujeres depositan en ellos la responsabilidad de velar por su bienestar y su felicidad.

Para eso está el amor: a las chicas nos enseñan que ellos son los salvadores y los solucionadores de problemas, y que sin un hombre no podemos ser felices. Entonces a ellos les cuesta más romper porque se sienten culpables o porque les da pereza. Así que eligen este camino que parece más fácil y que, sin embargo, tiene el efecto contrario.

Portarse mal con tu compañera no sirve para que te deje y sufra menos, sino más: las mujeres fuimos educadas para aguantar malos tratos, indiferencia y para sufrir todo el tiempo "por amor": en todas las películas nos dicen que, cuanto más sufres, más grande será la recompensa. Es el masoquismo romántico el que nos mantiene en relaciones tóxicas, dañinas y basadas en la dependencia emocional.

Portarte mal para que te dejen es una opción que atenta contra la ética del amor: es una tortura para la persona a la que quieres. No le dices lo que pasa, no le das información para que pueda tomar sus decisiones, le dejas con esa duda que genera esperanza y desesperanza: es una forma de maltrato, y duele mucho.

También duele separarse y caer en el círculo vicioso de separación-reconciliación que hace tan intensas las relaciones. Es peligroso meterse en esta espiral porque nos lleva a hacernos mucho daño y a convertir la relación en tóxica. Cuanto más alargamos la separación definitiva, más duele: hay que cortar por lo sano y tratar de empezar cuanto antes el contacto cero para desengancharse. Hay parejas que logran separarse unidas y viven juntos el proceso antes del *contacto cero*. Conversan mucho sobre lo que sienten y sobre los pactos que quieren hacer para sobrellevar la separación de la mejor manera posible, para hacerla más fácil, para respetar los tiempos de cada uno, para repartirse los bienes comunes, para compartir la crianza y la educación si tienen hijos en común, para ir hablando sobre la manera en que va cambiando la relación y la mejor manera de ir separando sus caminos.

Se sufre mucho menos cuando te portas bien, y cuando sientes que la otra persona se está portando bien contigo y te está cuidando. Aunque ya no te ame, aunque ya no la ames.

Este es el escenario ideal, pero otras veces ocurre que hay tanto dolor que la comunicación es imposible. Entonces es mejor desconectar del todo y gestionar la separación por separado, con el apoyo de nuestra gente querida o de profesionales que nos ayuden a mediar y negociar.

Lo más importante es mantener el contacto cero para vivir el duelo, calmar los ánimos y empezar a cerrar las heridas abiertas que duelen porque están en carne viva. Cuando hay muchas emociones fuertes de por medio es mejor cortar la relación de raíz, dejar que se calmen las emociones, tomarse un descanso emocional, desintoxicarnos y desengancharnos del amor romántico. En el proceso, hay que cuidarse mucho y vivir el duelo en las mejores compañías pensando que todo pasa, todo cambia y nada permanece, ni el dolor más intenso del mundo.

A veces es solo cuestión de desengancharse de la droga del amor, hacerse un *detox*, tomarse un descanso y aliarse con el paso del tiempo, que va cicatrizando todas nuestras heridas y nos permite construir nuevas relaciones y afectos. También es cuestión de trabajarse todo lo necesario por dentro para pasar el duelo de la mejor manera posible.

Al separarte, lo normal es que sientas empatía y te preocupes por el sufrimiento del otro, pero sobre todo hay que preocuparse y ocuparse de una misma: es fundamental que cuidemos tanto nuestra salud física como la mental y emocional. Es el momento de rodearte de tu gente querida, pedir ayuda y calorcito, y tener espacio para conversar largamente y llorar las penas. Después, toca levantarse y empezar una nueva etapa.

Necesitamos aprender a despedirnos con cariño, sin rencor, sin odio, sin miedos, sin egoísmo y sin deseos de venganza. Para poder negociar sin pelearnos, es fundamental:

- que seamos generosos,
- que sostengamos una posición ética basada en los buenos tratos,
- que no seamos ambiguos y no alimentemos falsas esperanzas,
- que seamos honestos,
- que hablemos mucho sobre lo que nos está pasando,
- que cuidemos mucho nuestras palabras y nuestros actos,
- que usemos el sentido común,
- que respetemos mucho a la otra persona,
- que no alarguemos el proceso,
- que podamos cuidarnos mutuamente si se dan las condiciones, durante el tiempo que dure la separación.

3. HERRAMIENTAS PARA CUIDARSE DURANTE LA SEPARACIÓN

Si tu pareja se porta mal, tienes que poner todos los medios a tu alcance para que no pueda hacerte daño. Así que la única solución es el contacto cero y conseguir una persona que haga de mediadora para resolver temas logísticos.

Cuando no hay hijos e hijas de por medio, es más fácil, pero cuando los hay, es imprescindible que los mantengáis aparte de una guerra que no es la suya, y que no les toca vivir. Podéis contarles cómo os sentís, pero hay que adecuar el discurso a su edad y no invitar al niño o la niña a posicionarse.

Simplemente hay que explicarle que cuando dos personas no se llevan bien, no se entienden bien o se les ha acabado el amor, o alguna de las dos está sufriendo, es mejor separarse.

Es una idea bien sensata que niños y adolescentes pueden entender con facilidad y no es necesario culpabilizar al otro para justificar que nos queremos separar, o para posicionarlos a nuestro favor. Pueden aprender mucho de vosotros sobre cómo gestionar el dolor, cómo cuidarse y cómo cuidar a los demás cuando las relaciones terminan. Porque en su vida, ellos y ellas también tendrán que despedirse de amistades, familiares o parejas, por muerte o por falta de amor, o por problemas que ya no se pueden resolver porque la relación está muy deteriorada. Y aunque la sociedad les siga diciendo que la violencia es legítima cuando estás sufriendo, vosotros podéis enseñarles lo contrario: que puedes separarte sin hacer la guerra, y que hay otras formas de terminar las relaciones que no implican violencia y sufrimiento.

CAPÍTULO 4
HERRAMIENTAS PARA LLEVAR LA UTOPÍA A LA PRÁCTICA

No vamos a liberarnos de la noche a la mañana: ten en cuenta que son muchos siglos de patriarcado encima. Todo el trabajo que hacemos para dejar de sufrir y para liberarnos requiere de mucho tiempo, y tiene un coste, porque es ir contracorriente. Es más cómodo dejarse llevar por las dinámicas habituales, pero si lo que queremos es hacer cambios, hay que entrenar y ponerle mucho amor a la tarea.

Erich Fromm decía que el amor es un arte. Y en todas las artes, hay que dedicar energía y tiempo, y mucho amor, para ir avanzando y para poder disfrutar cada vez más de todo lo que vamos aprendiendo.

El entrenamiento requiere constancia y disciplina: lo mismo para aprender a surfear, a esculpir, a tocar un instrumento, a dominar el ajedrez o un arte marcial, a hacer una tesis o a convertirte en una persona experta en informática.

Pero también necesitamos la pasión, porque cuanto más motivadas estemos, más disfrutaremos del proceso. En el camino encontraremos varios obstáculos, a veces meteremos la pata, tendremos recaídas, y a veces nos perderemos, porque no tenemos puntos de referencia.

Apenas conocemos historias de amor que se salgan de la estructura romántica patriarcal, no tenemos modelos de feminidad y masculinidad diferentes en los medios, y resulta que somos nosotras y nosotros, los habitantes del siglo XXI, los que tenemos que crearlos.

Es decir, que nosotras somos el modelo para las nuevas generaciones: les estamos demostrando que cuando sembramos y recogemos es posible liberarse del patriarcado, crear otras formas de relacionarnos y de querernos, y también disfrutar del sexo y del amor.

Ahora mismo no hay condiciones, pero las estamos creando. No hay camino, pero estamos caminando, y como dijo Machado, *se hace camino al andar*.

Aquí os ofrezco herramientas y ejercicios que podéis hacer a solas, con amigas y con vuestras parejas para iniciaros en las artes de la autocrítica amorosa y del quererse bien; espero que os sean muy útiles y que podáis disfrutar de todo el proceso.

HERRAMIENTAS PARA LA AUTOCRÍTICA AMOROSA EN PAREJA

Tomar conciencia de qué es lo que queremos y necesitamos para estar bien juntos/as.

¿Qué cambios necesitamos hacer para vivir mejor?

¿Qué elecciones queremos hacer, y qué decisiones queremos tomar para llevar a cabo los cambios que necesitamos?

¿Qué estrategias vamos a llevar a cabo para realizar esos cambios?

¿Qué poder tenemos cada uno/a, desde qué posición negociamos?

¿Cuáles son los principales obstáculos, y qué dificultades se van a presentar en el camino?

¿Cómo impactan estas estrategias en mi pareja y en nuestro entorno?, ¿nos beneficia a ambos, o solo a mí?

Firma del contrato amoroso con una misma: listado de pactos y compromisos.

HERRAMIENTAS PARA TRABAJAR EL ARTE DE LA NO VIOLENCIA

Cuando me enfado, cuando me invade la ira, cuando me siento impotente, cuando me frustro o me indigno, cuando me muero de la rabia, me cuido en tres niveles:

1. Cuido la emoción para no hacerme daño ni hacer daño a nadie.
2. Cuido mis palabras y mi forma de expresarme.
3. Cuido el trato contra las personas que me hacen sentir así.

Soy consciente de que yo no puedo gustarle a todo el mundo, y que no podemos estar de acuerdo en todo, pero sí puedo pedirle a los demás que me traten bien y no me hagan daño.

Y al revés: no tengo derecho a tratar mal a nadie solo porque yo sienta rechazo o emociones negativas hacia esa persona. No importa si me cae mal, o si sus ideas van en contra de mis principios: no tengo derecho a humillarla ni insultarla.

Mi entrenamiento consiste en:

- Tomar conciencia del dolor que siento o que puedo hacer sentir a los demás.
- Evitar darle un tono de desprecio a mis palabras, evitar los ataques personales, los insultos, las burlas, los sarcasmos y las humillaciones.
- Uso los mejores argumentos que tengo para defender mi postura, y cuido el tono y el volumen de mi voz.
- Si la otra persona empieza a atacarme e insultarme, me retiro de la conversación. Jamás me pongo a su altura, jamás intento machacar a la otra persona, aunque pueda hacerlo, porque no soporto la violencia. Ni la mía, ni la de los demás.
- Jamás me subo al *ring* cuando me invitan a pelear. Esta postura no violenta pone muy furiosa a la gente violenta: no hay nada más frustrante que intentar obligar a alguien a subirse al *ring* y quedarse solo pegando puñetazos al aire.

- No malgasto mi tiempo en defenderme, porque no quiero entrar en el terreno al que quiere llevarme la otra persona.
- Tomo conciencia del daño que me hace a la autoestima y mantengo el ego a raya para que la emoción no me lleve al *ring*.
- Lo importante es que las palabras no me revuelvan por dentro, porque lo que busca la persona violenta es una reacción emocional fuerte.
- No me lo tomo a lo personal cuando me invitan a pelear. Me digo a mí misma que el problema no soy yo, sino la gente que está muy frustrada y muy aburrida. Si yo no acepto, se aburren y buscan a otra persona.
- Solo converso con gente que tiene el nivel suficiente para hablar sin agredir y sin hacer daño, y con gente que conversa para aprender y para disfrutar.
- Utilizo el método de la autocrítica amorosa para identificar las violencias y los patriarcados que me habitan, y soy consciente de que la mayor parte de la gente no se identifica como violenta, ni identifica el maltrato psicológico y emocional como violencia. Pero yo sí puedo hacerlo, y debo hacerlo porque lo que quiero es un mundo libre de sufrimiento y de violencia.
- Mi postura política ante el mundo como mujer feminista y pacifista es el NO a la guerra.
- No quiero sufrir ni ejercer violencia. No me gusta pelear, no soporto que me ataquen y jamás participo en ataques colectivos.
- Me lo trabajo mucho porque quiero ser consecuente con la filosofía de los cuidados, del quererse bien y de los buenos tratos que promuevo en mis libros y mi blog.

La verdad es que no es fácil cuidar las palabras y no caer en provocaciones, pero en las redes sociales se puede entrenar a diario, y lo mismo con mi pareja, con mi familia y con mis amistades.

También es fundamental, para entrenar, hacerlo en buena compañía: yo practico con mis compañeras del Laboratorio del

Amor a diario. Así no me siento tan rara ni tan sola buscando la manera de ser asertiva y de evitar la violencia.

Desde que trabajo el arte de la no violencia tengo más tiempo libre y más energía para mí y para trabajar en las herramientas que necesitamos para tratarnos bien y para dejar de normalizar la violencia.

Mi sueño es que algún día podamos aprender el arte de la no violencia, el arte del quererse bien y el arte de los buenos tratos en la escuela. Que podamos fundar una escuela donde la gente pueda aprender a conversar, a negociar y a resolver sus conflictos mediante el diálogo.

HERRAMIENTAS PARA EL CAMBIO Y LA TRANSFORMACIÓN DE UNA MISMA

Aplicando el método de la autocrítica amorosa puedes establecer un plan para llevar a cabo los cambios que necesitas para cuidarte mejor, para cuidar tu pareja, y para vivir mejor.

Todos los días nos ofrecen soluciones y objetos mágicos para transformar nuestra vida: todas estas soluciones implican gastar dinero y, generalmente, no nos ayudan en nada.

Es más fácil que te caiga un rayo a que te toque la lotería. Y aun así, a mucha gente los premios de lotería les han amargado la vida y no les han ayudado a obtener el tesoro más preciado: el amor de su gente querida.

El mercado está lleno de charlatanes que dicen tener el poder de la magia que tú necesitas para ser feliz.

Y sin embargo, lo que cambia nuestras vidas no es la magia: es el trabajo con una misma, y solo en aquello que depende de nosotras. Es decir, podemos conseguir liberarnos de una adicción, pero no podemos conseguir que nuestro amado haga lo propio.

Podemos trabajarnos el egoísmo y los malos tratos, pero no podemos conseguir que nuestros compañeros de vida dejen a un lado esa actitud.

Podemos trabajarnos el miedo, la pereza, el pesimismo, la envidia, la codicia, la agresividad, la falta de empatía, la soberbia, los vicios, la maldad, el machismo, los complejos de inferioridad y superioridad, la tendencia a mentir o a robar, el abuso y la explotación, el maltrato a una misma, y la violencia contra los demás.

Pero no podemos trabajar en el cambio de los demás.

Y los productores de las historias de amor están todo el tiempo engañándonos con la idea de que nuestro amor podrá salvar al amado y cambiarlo a mejor. Es una trampa terrible: cada cual puede cambiarse a sí mismo, pero nunca a los demás.

Así que a la hora de hacer el listado que os propongo en los ejercicios finales sobre lo que necesitáis cambiar, tenéis que tener en cuenta lo que podéis cambiar y lo que no en vuestras vidas.

Y ante lo que no podéis cambiar, igualmente podéis tomar decisiones. Por ejemplo: yo no puedo sacar del alcoholismo a mi pareja, pero sí que puedo hacer que su adicción no me afecte. Puedo romper la relación, porque cuando alguien sufre una adicción muy fuerte, me pone en peligro a mí: no hay condiciones para disfrutar del amor.

Yo no puedo arreglar los problemas económicos de mi pareja, pero sí que puedo negarme a firmar ese crédito para que no me embarguen a mí cuando él no haga frente a sus pagos.

Además de distinguir entre las cosas que podemos y no podemos cambiar, las que dependen de nosotras y las que no, también tenemos que identificar los principales obstáculos con los que nos encontramos en el camino para realizar esos cambios.

El principal obstáculo para nosotras es el patriarcado, y sus mandatos de género, que no nos dejan desviarnos de la senda marcada. El sistema nos somete con el miedo al qué dirán y con una tremenda presión social y familiar para que hagamos lo que hace todo el mundo (obedecer las normas, casarnos, tener hijos, aguantar cuernos, cuidar siempre a los demás, etc.).

Ese patriarcado que llevamos dentro es misógino (nos hace odiarnos a nosotras mismas y a nuestras compañeras), es lesbófobo, gordofóbico y tirano, y nos hace mucho mal a todas, porque nos convierte en personas sumisas y obedientes y nos pone en contra nuestra.

Ese patriarcado interior nos obliga a ser las mejores en todo y a caer en la trampa de la conciliación, que nos dice que teniendo el día 24 horas, podemos sacar tiempo para ser buenas profesionales, buenas madres, buenas esposas, buenas ciudadanas y, además, tener tiempo para cuidar de nuestro aspecto físico.

La liberación llega cuando dejamos de ser espectadoras y nos convertirnos en protagonistas de nuestro propio relato. Nosotras somos las guionistas, las directoras, las actrices, las productoras, las maquilladoras y vestuaristas, las técnicas de luz, sonido y *atrezzo*, nosotras decidimos qué personajes acompañan a la protagonista y quiénes quedan fuera del guion. Nosotras, desde fuera, con perspectiva como para tomar decisiones sensatas, vamos diseñando la estructura narrativa y haciendo elecciones para que la vida de nuestra protagonista no sea un drama ni una tragedia.

¿Qué más necesitamos para el cambio? Para hacer cambios no hay que tener fe, ni rezar ni gastarse dinero: las transformaciones empiezan en el momento en que hacemos elecciones y tomamos decisiones, asumiendo el precio que tenemos que pagar por no anteponer la felicidad de los demás a la nuestra.

No esperes al desastre: no necesitas caer hasta el fondo ni verte atrapada en el lodo para mejorar tu vida. Puedes ponerte una fecha, o puedes hacerlo desde mañana mismo.

No hace falta sufrir para cambiar: podemos disfrutar mucho del proceso si lo entendemos como un camino hacia la liberación.

Hay que trabajar los cambios con disciplina y constancia: toda transformación conlleva un esfuerzo. No hay soluciones mágicas: tenemos mucho trabajo por delante, y tenemos que focalizar nuestra energía y nuestro tiempo en conseguir lo que necesitamos y queremos para estar bien.

Ponerse metas a corto plazo y elaborar planes de acción: hay que diseñar.

Primero las estrategias que vamos a seguir para hacer cambios, y para ello resulta muy útil ponerse una fecha para la toma de decisiones: sirve para cuidarte, para poner límites a los demás, para ponértelos a ti misma. Es muy útil para empezar o terminar algo que pospones indefinidamente, para dejar de perder tu tiempo y de malgastar años de tu vida, para terminar relaciones que no funcionan, para evitar el autoengaño, para liberarte de una adicción, para que no te esclavice la esperanza en un cambio que no llega, para arrancar un proyecto, para cerrar una etapa de tu vida.

Ten en cuenta el impacto que tiene en los demás cada cambio que deseas hacer, y ten en cuenta la dimensión ética de tus deseos, tus necesidades y tu comportamiento. Tus necesidades no pueden atentar contra los derechos y las libertades de los demás.

Confía en ti y respeta los pactos contigo misma: ha de ser un compromiso serio y no puede haber prórrogas.

Sé honesta contigo misma: no te autoengañes, sé sincera contigo, con tu pareja y tu gente.

Para hacer cambios tienes que estar lúcida y despierta, y con los pies en la tierra.

Para empezar el camino hacia la transformación debes ser responsable con tu bienestar, tu salud física, mental y emocional.

Pide ayuda profesional si la necesitas para desaprender y aprender de nuevo, para sanar tus heridas y traumas, para trabajarte todo aquello que quieras o necesites.

Pide ayuda a tu gente querida: nuestra familia, amigas y amigos nos conocen mejor que nadie y pueden ayudarnos con su perspectiva. Desde fuera, nos pueden dar sus ojos para vernos a nosotras mismas, y es importante que les escuchemos con amor y podamos confiar en ellas y ellos: siempre van a querer lo mejor para nosotras.

Compromiso con una misma: el primer compromiso afectivo que tenemos es con nosotras. No podemos delegar nuestras tareas en nadie más, no podemos posponerlas, ni hacernos boicot a nosotras mismas. Comprométete igual que te comprometes con tu pareja.

HERRAMIENTAS PARA EL CAMBIO Y LA TRANSFORMACIÓN EN LA PAREJA

Todos los contratos amorosos son revisables: hay gente que incluso le pone fechas a las revisiones de estos contratos, o piden a la pareja sentarse a conversar cuando se producen cambios en una misma o en el contexto de la pareja. Por ejemplo, si tu pareja tiene una nueva amiga a la que dedica más tiempo que a ti, o si eres tú la que dedicas más tiempo a otra gente que a tu pareja. También se pueden hacer revisiones en cada aniversario, o cuando se empieza a oler a distancia una crisis de pareja fuerte, o cuando queremos mejorar cosas que se están deteriorando. En primer lugar, como hemos visto a lo largo de todo el libro, hay que tener en cuenta:

- si hay condiciones para negociar, ¿cómo andan las emociones?, ¿podemos cuidarlas para sentarnos a hablar con amor?;
- cómo vamos a negociar, es decir, cómo nos vamos a cuidar mientras negociamos, de qué forma vamos a conversar para respetarnos y no hacernos daño;
- desde qué posiciones vamos a negociar, quién tiene más poder para negociar, y cómo compensar o equilibrar ambos poderes;
- cómo hemos evolucionado cada uno;
- qué pactos se están cumpliendo, cuáles no, y por qué;
- cuáles son las cosas que podríamos mejorar o cambiar para vivir mejor;
- cuáles son las líneas rojas de cada cual, y hasta dónde vamos a ceder;
- qué tendríamos que cambiar cada uno para poder mejorar un tema o varios temas;
- qué ganas, qué tiempo, qué energía y qué herramientas tenemos para llevar a cabo los cambios;
- cuáles son nuestros niveles de compromiso con respecto a los cuidados en la relación;

- qué ocurre si no logramos llegar a acuerdos;
- la posibilidad de pedir ayuda profesional para resolver nuestros problemas;
- la posibilidad de transformar la modalidad de la relación, al menos, hacer pruebas para ver si al cambiar las estructuras de la relación mejora la situación;
- la posibilidad de separarse si comprobamos que no hay muchos cambios que se puedan llevar a cabo, por los motivos que sean;
- cuidarnos todo el tiempo para sufrir lo menos posible;
- pactar la transformación de nuestra relación de pareja en una relación de amistad, una relación familiar o, simplemente, una relación cordial. No es necesario dejar de quererse para separarse: puedes seguir sintiendo cosas bonitas por tu pareja aunque dejes de convivir con ella.

Si has decidido entrenar tu asertividad, por ejemplo, solo tienes que identificar los momentos en que la situación requiere que pongas un límite, o que expreses tu opinión, o que digas que no. Estás en medio de un conflicto y de pronto pausas la escena, la ves desde fuera y te dices a ti misma: ahora es el momento de poner en práctica todo lo que me estoy trabajando. Y tomas una decisión: no voy a llorar, no voy a quedarme callada, voy a decir lo que tengo que decir aunque tenga miedo.

O puede que estés trabajando tu violencia: puedes identificar el momento en que estás invadida por el dolor o la ira, sabes que normalmente lo que haces es descargarte de mala manera, pero decides respirar hondo, controlar tus reacciones, salir de la escena o cuidar al máximo tus palabras.

Y en pareja lo mismo: estáis en medio de una situación difícil o estresante, y habéis pactado no poneros agresivos ni dañar al otro. Tu pareja no puede contener su emoción y te invita a subir al *ring* yendo a dar donde más duele. Le señalas lo que acaba de hacer, le explicas cómo te sientes y te niegas a subir al *ring* hasta que se calme.

Es la interacción con los demás el lugar en el que pones en práctica la teoría, los pactos, los acuerdos. Es en la cotidianidad, el espacio y el tiempo en el que el verbo se hace acción y el discurso se convierte en comportamiento. Es en el aquí y el ahora donde tú puedes hacer cambios, y atreverte a poner en práctica todo aquello que te hace sufrir a ti o hace sufrir a los demás.

Porque, recuerda: tú lo que quieres es no sufrir, tú lo que quieres es disfrutar.

Y para que sea amoroso el contrato, no olvides: buenos tratos todo el rato.

ANEXO
EJERCICIOS

1. APRENDER A AMAR

¿Cómo aprendiste a amarte a ti misma y a amar a los demás? Para contestar a esta pregunta, es importante tener en cuenta las dos formas en que aprendemos a amar:

a) *Cultura*: ¿cuáles fueron las novelas, películas y canciones que más te impactaron en tu infancia?, ¿cuáles eran tus protagonistas favoritos, tus héroes y heroínas, tus modelos a seguir?, ¿cuáles son los principales mitos románticos que has interiorizado?

b) *Socialización*: ¿cómo te quisieron tu madre y tu padre, o los principales cuidadores que te criaron?, ¿cómo se querían entre ellos?, ¿y las parejas de tu entorno, cómo se querían y qué influencia tuvieron en tu concepción del amor romántico?

2. SUEÑOS Y REALIDAD

¿Cómo soñaste el amor de pareja, y cómo han sido tus parejas en la realidad?, ¿qué le pedías al amor, y qué te tocó vivir en la realidad?

3. POR QUÉ SUFRIMOS POR AMOR

Cada miembro de la pareja escribe dos listados y después los leen en voz alta:

- Listado de las cosas que nos han hecho sufrir con anteriores parejas.
- Listado de cosas que han hecho sufrir a mis anteriores parejas.

4. MI AMOR HABLA DE MÍ

Imagina que tú eres tu pareja, y que le está hablando a alguien de ti: ¿cómo te describiría? Y tu pareja lo mismo: habla de sí mismo/a a través de ti, se pone en tu lugar y se mira con tus ojos. ¿Cómo os habéis sentido ambos con el ejercicio?

Podéis probar a hacerlo también con otras personas que os quieren, ¿en qué se diferencian los dos ejercicios que os he propuesto?

5. NUESTRAS PASIONES

Elabora un listado de tus pasiones y de todo aquello que te da placer, te ayuda a desconectar, te hace olvidar tus problemas y te ayuda a disfrutar de la vida.

Después, apunta cuánto tiempo dedicas a tus pasiones a diario, semanal o mensualmente.

Comparad vuestros listados y evaluad si hay equilibrio en el tiempo que ambos dedicáis a vuestras aficiones.

¿Cómo podríais equilibrar el tiempo que dedicáis a vuestras pasiones?

6. CUIDARSE A UNA MISMA

¿Cómo te cuidas a ti misma? Elabora un listado con las demostraciones de amor que te brindas a ti, la manera en que intentas cuidarte y ser feliz.

¿Cómo te cuidan los demás?, ¿cómo te demuestra la gente que te quiere, que te quiere de verdad?

¿Cómo cuidas a tu pareja, y cómo te cuida ella a ti?

¿Cómo cuidas a la gente a la que quieres?

Evalúa las diferencias entre tu forma de cuidar y los cuidados que recibes, ¿hay equilibrio entre el dar y recibir?, ¿te sientes cuidada igual que cuidas en tu pareja y en todas las relaciones que tienes?, ¿cuánto tiempo dedicáis a los cuidados cada uno?

Comparte este análisis con tu pareja.

7. QUÉ BONITO ES EL AMOR

Cuéntale a tu pareja por qué la amas, y qué es lo que más te gusta de la relación. Recuerda el momento en que os enamorasteis y los mejores recuerdos que tengas de vuestra vida en común. Sácale el jugo a lo mejor de la relación: cómo cambió tu vida a mejor, qué es lo que más te enamora de tu pareja y por qué es importante en tu vida.

8. QUÉ SACRIFICIOS HAS HECHO POR AMOR Y NO QUIERES A VOLVER A HACER

Elabora un listado con las renuncias que hiciste y evalúa si los sacrificios que has hecho por tus anteriores parejas o por la actual te compensan.

Comparando el pasado con el presente, ¿qué cosas no harías ahora?, ¿qué sacrificios no podrías hacer? Elabora un listado de tus líneas rojas, aquellas cuestiones que no son negociables en pareja: por ejemplo, tu libertad de movimientos, tus relaciones familiares o de amistad, tu intimidad y privacidad, tu derecho a ser bien tratada todo el tiempo...

9. QUÉ ES LO QUE NECESITAS / DESEAS / QUIERES PARA ESTAR BIEN

Haz un listado con las cosas que necesitas para estar bien y disfrutar de una buena vida.

¿Cómo vas a conseguirlo? Enumera las estrategias que vas a utilizar para lograr vivir bien: es en realidad un listado de pactos contigo misma.

Comparte con tu pareja los dos listados: ¿queréis ambos lo mismo para estar bien y para disfrutar de una buena vida?, ¿son compatibles vuestros deseos?

10. QUÉ ME TENGO QUE TRABAJAR PARA VIVIR MEJOR

Listado 1: *Todo lo que me hace sufrir.* Vuelve a leer el listado del ejercicio 1 sobre las cosas que te hacen sufrir por amor, y debajo añade todas las cosas que te hacen sufrir en todas las relaciones de tu vida.

Listado 2: *Qué puedo cambiar y qué no.* Elabora un nuevo listado separando las cosas que están en tu mano y que puedes cambiar, y las que no.

Listado 3: *Qué me quiero trabajar.* Con ayuda del listado anterior, identifica qué crees que te tienes que trabajar para poder sufrir menos, y que los demás sufran menos también.

Listado 4: *Cómo me lo voy a trabajar.* Elabora un último listado con las estrategias que piensas seguir para trabajar todo aquello que te tengas que revisar para vivir mejor, y para que los demás a tu alrededor también vivan mejor, pensando también en las cosas que podrías hacer para mejorar tu relación de pareja.

Listado 5: *Mis pactos conmigo misma.* Una vez que te sientas comprometida con tu vida y tu bienestar, es el momento de elaborar los acuerdos a los que vas a llegar contigo misma. Es el contrato que necesitas establecer contigo para ser leal y para quererte y cuidarte a ti misma.

11. QUÉ NOS TENEMOS QUE TRABAJAR EN PAREJA

Listado 1: *Qué se tiene que trabajar mi compañero/a para vivir mejor y para que la relación de pareja vaya a mejor*. En este punto es fundamental ser muy asertiva, respetuosa y cuidar muy bien las palabras, porque no es un ejercicio para atacar ni reprochar al otro sus defectos, sino para sugerir mejoras en sus hábitos, comportamientos, etc. que le permitan vivir mejor.

Listado 2: *Qué tendríamos que trabajarnos ambos en pareja para estar mejor*. Se trata de un listado de los problemas principales de la pareja, de las cosas que no funcionan o que podrían mejorar para que la relación pueda crecer y consolidarse.

Listado 3: *Sobre las dificultades para negociar en pareja*. Qué nos pasa a cada uno y cómo dar soluciones.

Listado 4: *Pactos en pareja*. ¿Cuáles son las estrategias que vais a utilizar para empezar a trabajar?, ¿qué soluciones se os ocurren?, ¿qué acuerdos podéis alcanzar?

Cuando terminéis los listados, podéis empezar comparando las cosas que tu compañero/a cree que tendrías que trabajarte con las cosas que tú crees que tendrías que trabajarte. Hay que ponerle mucho amor para no recibir las sugerencias como un ataque, y que no surjan las posiciones defensivas. La idea no es encallarse en los problemas que tenemos, sino enfocarse en las soluciones y en la toma de decisiones.

12. MI CONTRATO DE AMOR

Si quieres saber si el chico con el que estás cumple con los requisitos mínimos para ser un buen compañero, aquí tienes unas cuantas preguntas que pueden ayudarte a analizar y evaluar si hay condiciones para quererse bien y para disfrutar del amor:

- ¿Sabe cuidarse a sí mismo?, ¿es autónomo o necesita una mamá que le cuide?
- ¿Te sientes plenamente correspondida en tu relación?, ¿crees que los dos estáis igual de ilusionados y tenéis las mismas ganas, y la misma intensidad en vuestros sentimientos?
- ¿Te sientes amada?, ¿cómo te demuestra su amor?
- Si no te lo demuestra, ¿por qué no te lo demuestra?

- ¿Crees que tiene ganas de disfrutar del amor y del sexo, o hay algún obstáculo que le impida vivir sus relaciones con libertad y alegría, como por ejemplo, el miedo?
- ¿Tenéis los dos el mismo concepto, o parecido, del amor, y del tipo de pareja que querríais tener? Si la respuesta es no, ¿hay condiciones para amarse si vuestras apetencias no coinciden?
- ¿Te sientes aceptada tal y como eres?, ¿te ha pedido tu pareja que cambies tu forma de ser, o que hagas cambios en tu vida?
- ¿Te sientes bien, te sientes feliz, estás a gusto en tu relación?
- ¿Te sientes bien tratada?
- ¿Te sientes bien tratada todo el tiempo, la mayor parte del tiempo, o solo a veces?
- ¿Te sientes bien tratada cuando tenéis conflictos?
- ¿Cómo le tratas tú?, ¿notas mucha diferencia entre su forma de tratarte y la tuya hacia él?
- ¿Cómo habla de sus exnovias?
- ¿Cómo habla de las mujeres?
- ¿Cómo trata a la camarera que os está sirviendo la comida en el bar?
- ¿Crees que es buena persona?
- ¿Crees que es buena persona todo el tiempo, con todo el mundo?
- ¿Cómo se comporta con los animales?
- ¿Es machista? ¿Es racista, clasista, homófobo, lesbófobo, xenófobo?, ¿emite discursos de odio?
- ¿Sus actos y sus palabras se corresponden, lo que dice y lo que hace es coherente?
- ¿Cuántas pasiones y aficiones tenéis en común, hay compatibilidad entre ellas?
- ¿Está buscando una compañera o una asistenta que le cuide?
- ¿Se ocupa y se preocupa por tu placer o solo piensa en el suyo?
- ¿Sabe escuchar con amor?, ¿te escucha a ti con amor?
- ¿Qué cosas podrían mejorar en la relación?
- ¿Sientes que la relación es fácil o es difícil?, ¿estáis siempre peleando?
- ¿Estaríais mejor como amantes que como pareja?
- ¿Ha mentido delante de ti alguna vez a alguien?
- ¿Cómo crees que te ve él, qué te dicen sus ojos cuando te mira, qué cosas le gustan de ti?
- ¿Cómo le habla de ti a los demás, cómo le habla de ti a su mejor amigo, te gusta lo que estás escuchando al imaginarlo?
- ¿Cómo te habla a ti sobre ti misma, cómo habla de ti a los demás cuando estás tú presente?
- ¿Se ha desnudado emocionalmente delante de ti, te ha dejado ver su interior, te ha hablado de sí mismo y de sus sentimientos?
- ¿Quién se siente más feliz en la relación?, ¿quién es el que mejor está de los dos, o estáis igual de bien los dos?

- ¿Cuida sus relaciones con sus amigos y amigas?, ¿y con su familia?
- ¿Cómo cuida su hogar, sus plantas y mascotas?
- ¿Tú te sientes cuidada?
- ¿Te sientes cuidada siempre o solo a veces? ¿Cuando enfermas, ¿te cuida?, ¿te ayuda cuando tienes problemas?, ¿se preocupa por ti?
- ¿Sientes que tienes intimidad y privacidad?, ¿respetas tú la suya?
- ¿Cómo actúa cuando está estresado o nervioso?
- ¿Se puede negociar, dialogar, pactar con él?
- ¿Respeta los acuerdos y los compromisos?
- ¿Sabe hacer autocrítica?, ¿sabe reconocer sus errores?
- ¿Se le da bien pedir perdón, es capaz de hacer cambios?
- ¿Os veis ambos juntos en el futuro, o alguno de los dos se ve fuera de la relación?
- ¿Te sientes libre para ser tú misma, para expresar tus emociones, para contar cómo te sientes, para hablar de tus deseos?
- ¿Te sientes libre en la relación para tener tus propios espacios, tus propios tiempos?
- ¿Cómo acepta tu gente a tu chico?, ¿qué piensa él de tu gente?
- Si tu gente no le gusta, ¿crees que él trata de aislarte o respeta tu red de afectos?
- Si su gente no te gusta, ¿crees que él se siente libre para relacionarse con su red de afectos?
- ¿Cómo se comunica contigo?, ¿quién llama primero?, ¿cuánto tarda en contestar a tus mensajes?
- ¿Respeta los pactos a los que habéis llegado para estar juntos o los rompe a menudo?
- ¿Crees que él confía plenamente en ti?
- Y tú, ¿confías plenamente en él?, ¿es honesto?
- ¿Os reís mucho juntos?, ¿te estás divirtiendo?
- ¿Estás renunciando a algo, o te estás sacrificando por algo?
- Si es feminista, si dice que se está trabajando el patriarcado, ¿hay coherencia entre sus discursos y sus actos?
- ¿Hay compañerismo, igualdad y trabajo en equipo en tu relación?
- ¿Cómo os repartís las tareas cuando convivís juntos?
- ¿Usa su poder en beneficio propio o de forma que se beneficie todo el mundo?
- ¿Disfrutáis ambos de la misma cantidad de tiempo libre?
- ¿Cómo es vuestra forma de organizaros económicamente?, ¿compartís los gastos de forma equitativa?
- ¿Te compensa la relación, sientes que las cosas buenas realmente compensan las malas?
- ¿Te gustaría que hubiese algún cambio en tu relación?, ¿crees que es posible que haya un cambio en la realidad?

- ¿Qué cosas te gustaría trabajarte a ti para ser mejor persona y para disfrutar del amor?
- ¿Y tu pareja, qué podría trabajarse para mejorar también?, ¿crees que tiene herramientas y ganas para hacerlo?
- ¿Cómo habla de sí mismo?, ¿cómo le ves el ego?, ¿cómo le ves la autoestima?
- ¿Te da la razón en todo, te lleva la contraria en todo?, ¿te ríe todas las gracias?, ¿se pone por debajo de ti, o por encima de ti, o permanece en el mismo nivel que tú?
- Y tú, ¿te pones por encima o por debajo, alternas posiciones de dominación y sumisión o tratas de tener relaciones horizontales e igualitarias?
- ¿Cuál es el porcentaje de nivel de sinceridad y honestidad de tu pareja?
- ¿Tiene tu pareja miedo de quedarse sola?
- Y tú, ¿tienes miedo a quedarte sola?
- ¿Te sientes encadenada a tu pareja por los sentimientos que albergas hacia ella, o por alguna otra atadura económica, contractual, etc.?
- ¿Crees que tu pareja se siente libre estando en esta relación contigo?
- ¿Confías en ti misma para saber cuándo es el momento de romper la relación, si llega ese momento?
- ¿Cómo crees que se comportaría él en la ruptura?, ¿te trataría con amor o te haría la guerra?

No te lances al amor a lo loco: piénsatelo muy bien. Ninguna de nosotras podemos permitirnos el lujo de equivocarnos, el coste de sufrir por amor es demasiado alto. Hay que amar con los pies en la tierra, tenemos que estar lúcidas y despiertas.

No te olvides: no todo el mundo sabe querer y cuidar, tú lo que buscas es un compañero de viaje, y no has venido al mundo ni para servir a ningún hombre ni para cambiar a nadie.

Tú estás aquí para disfrutar con gente que sepa disfrutar, compartir, dar y recibir cuidados, y hacer tu vida más bonita.

No dejes de hacerte preguntas, conecta contigo misma y escucha a tu corazón.